高等职业院校课程改革项目优秀成果
高职高专"十二五"规划教材出版项目

房地产项目管理基础

主　编　晏旖嫔

副主编　王爱卿　任　媛

参　编　彭　茜　高　洁　胥　迅
　　　　华　文　杜　玲

主　审　何培斌

北京理工大学出版社
BEIJING INSTITUTE OF TECHNOLOGY PRESS

内 容 提 要

本书以房地产项目全过程管理为主线，紧密围绕房地产项目开发过程所需的知识和技能，将房地产项目全过程管理工作分解为5个任务及17个相对独立的学习子任务，充分体现了工作过程的完整性。全书主要内容包括房地产项目管理认知、房地产项目定义与决策、房地产项目设计与计划、房地产项目实施与控制、房地产项目完工与交付、房地产项目后期管理等。

本书实用性强，着重突出可操作性，既可作为高等职业院校、高等专科学校、成人高等学校及本科院校举办的二级职业技术学院和民办高校的房地产与建筑类专业的教材，也可作为房地产企业管理人员的培训教材，以帮助房地产项目管理全过程中的相关人员提升工作能力。

图书在版编目（CIP）数据

房地产项目管理基础/晏旖嫔主编. —北京：北京理工大学出版社，2015.8(2018.8重印)

ISBN 978-7-5682-1020-1

Ⅰ.①房… Ⅱ.①晏… Ⅲ.①房地产管理－项目管理 Ⅳ.①F293.33

中国版本图书馆CIP数据核字(2015)第183858号

出版发行 / 北京理工大学出版社有限责任公司

社　　址 / 北京市海淀区中关村南大街5号

邮　　编 / 100081

电　　话 / (010)68914775(总编室)

　　　　　 (010)82562903(教材售后服务热线)

　　　　　 (010)68948351(其他图书服务热线)

网　　址 / http://www.bitpress.com.cn

经　　销 / 全国各地新华书店

印　　刷 / 北京紫瑞利印刷有限公司

开　　本 / 787毫米×1092毫米　1/16

印　　张 / 11　　　　　　　　　　　　　　　　　　　　　　　责任编辑 / 钟　博

字　　数 / 267千字　　　　　　　　　　　　　　　　　　　　文案编辑 / 钟　博

版　　次 / 2015年8月第1版　2018年8月第3次印刷　　　　　责任校对 / 周瑞红

定　　价 / 32.00元　　　　　　　　　　　　　　　　　　　　责任印制 / 边心超

前 言 PREFACE

当前，以培养高素质技术技能型人才为目标的高等职业教育已进入全新的发展阶段，为了推进高等职业教育的改革和创新，我们对高等职业教育课程教学模式进行了全面而又系统的研究与改革，采用以工作任务为导向的任务驱动式体例，从工作分析着手，通过对知识、能力、态度分析，打破了传统的教学模式，构建了以工作任务为导向，以任务教学为主体的课程体系，编写了《房地产项目管理基础》教材。

本教材共6个部分，包括房地产项目管理认知、房地产项目定义与决策、房地产项目设计与计划、房地产项目实施与控制、房地产项目完工与交付、房地产项目后期管理等内容。本教材以房地产项目全过程管理为主线，紧密围绕房地产项目的开发过程所需的知识和技能，将房地产项目全过程管理工作分解为5个任务及17个相对独立的学习子任务，充分体现了工作过程的完整性，每个子任务主要由相关知识、任务实施、任务实训、相关案例四大栏目组成。

本书由重庆房地产职业学院晏旖嫔担任主编，王爱卿、任媛担任副主编，重庆房地产职业学院其他部分老师参与编写。具体编写分工为：任务背景（杜玲），任务1（晏旖嫔），任务2（华文、胥迅、晏旖嫔），任务3（彭茜、高洁、晏旖嫔），任务4（王爱卿），任务5（任媛）。晏旖嫔负责全书结构编排设置、统稿和修改定稿，王爱卿、任媛共同负责相关案例收集；全书由重庆房地产职业学院何培斌主审。

本书在编写过程中参考了国内外同行的许多文献和著作，在此表示感谢。限于编者水平，读者若在使用过程中发现内容有不当之处，敬请批评指正，以便再版时修正，联系邮箱是53106944@qq.com。

编　者

目 录 CONTENTS

任务背景　房地产项目管理认知

0.1　项目与房地产项目

0.1.1　项目

1. 项目的定义及其特征

"项目"一词，被人们广泛地应用到社会经济和文化生活的各个方面。通常，人们用它来表示某种特定的"事件"（即通过某种手段而实现某一预定目标的事件）。在长期的发展过程中，其内涵和外延也在不断地演进，因此，项目的定义有很多种形式，但大多数定义都企图用简单通俗的语言对项目进行抽象性地概括和描述，如许多文献引用 1964 年 Martino 对项目的定义："项目为一个具有规定开始和结束时间的任务，它需要使用一种或多种资源，具有许多个为完成该任务（或项目）所必须完成的相互独立、相互联系、相互依赖的活动。"

但随着项目外延的拓展，已有的项目定义形式不能完整地概括项目所包含的主要特征。所以人们采用描述"项目"主要特征的方式，对"项目"进行严格的定义。如 ISO1006 将项目定义为："项目具有独特的过程，有开始和结束的日期，由一系列相互协调和受控的活动组成。过程的实施是为了达到规定的目标，包括满足时间、费用和资源等约束条件。"德国国家标准 DIN69901 将项目定义为："项目是指总体上符合如下条件的任务：具有唯一性，具有预定的目标，具有时间、财务、人力和其他限制条件，具有专门的组织。"

因此，结合现代项目的特点，将项目定义为："项目是对确定性对象按限定时间、费用和质量标准完成的一次性任务。"它具有下列主要特征：

（1）项目任务和成果具有一次性。这是项目最主要的特征。一次性也可称为单件性，是对任务本身和最终成果而言，没有与此项任务完全相同的另一项任务，因而它具有单件性，不可能像工业产业那样成批生产。只有认识项目的一次性，才能有针对性地根据项目的特殊情况和要求进行项目管理。

（2）项目目标具有明确性。项目目标可分为成果性目标和约束性目标。成果性目标是指项目的功能性要求，如修建一所学校应能满足容纳一定学生人数的要求，兴建一个住宅小区应能满足居住一定数量居民的要求，兴建一所医院应能满足同时可容纳一定数量病人救治的要求等；约束性目标就是项目的限制条件，包括工期、费用、资源、质量、安全等，其内容多而复杂，具体包括以下几项：

①工期目标。项目的时间限制非常强，没有时间限制的项目是不存在的，所以项目的开发商都希望能尽快地实现项目的目标，发挥项目的功效。这主要是由于任何项目都会占用一定的资金，如果项目工期太长，则会影响项目占用资金的使用效率；另一方面，项目产品的作用、功能、价值都只是一定历史阶段中产生出来的，在社会经济和文化生活发展较快的情况下，项目产品具有更强烈的时效性，特别是一些短线项目的产品，其时效性更强。如科研课题中社会现象的短线研究课题，表现得尤为明显，一旦超过它的时效，其问题的研究就没有意义了。

②费用目标。项目具有费用目标主要是由资金的有限性和经济性要求所决定的，也正是出于项目资金的有限性和经济性要求，使得项目资金的使用及其使用效率受到了限制，必须对项目投资、费用或成本进行有效计划和控制，保证项目资金的有效使用。

③质量目标。一般来说，项目的作用、功能、价值的实现直接取决于项目产品的质量，如果质量不符合要求，其作用、功能、价值必定会在一定程度上受到损害，从而影响项目的作用和实际价值，最终导致项目目标难以实现，甚至会造成资源的大量浪费。因此，如果说时间和资源是项目的血液，那么质量就是项目（企业）的生命。

（3）项目系统具有整体性。一个项目，既是一项任务整体，又是管理整体，它是一个完整的、科学的管理系统，不能割裂系统内外部的联系进行分裂式的管理，必须按项目整体的需要配置项目所需的资源，以整体效益的提高为最高标准，对项目进行数量、质量和结构的总体优化，保证项目的成功实现。

（4）项目对象具有确定性。任何项目都应具备明确的对象，只有这样，才能使项目目标的确定具有基础和意义。同时，也可使项目的工作范围、规模及相互之间的界限能够清晰地界定，为项目的具体实施和管理提供依据，为保证项目管理具有严密的逻辑性和科学性提供依据。

因此，只有同时具备上述四项特征的任务，才能称为项目；相反，大批量的、重复进行的、目标不明确的、局部性的、对象不明确的任务，都不能称为项目。

2. 项目的分类

在现代社会生活中，符合上述项目定义及其特征的任务是很多的，也就是说项目的种类很多，最常见的有以下几类：

（1）各类开发项目。如资源开发项目、经济开发项目、房地产开发项目、新产品开发项目等。

（2）科研项目。如基础与应用科学研究项目、科技攻关项目、"火炬计划"项目等。

（3）社会项目。如希望工程项目、人口普查项目、大型体育运动会项目、"扶贫"项目等。

（4）国防项目、基础设施投资项目等。

从项目的种类来看，项目已经渗透到人类社会发展的各个方面、各个领域，甚至深入到社会的每一个层次、每一个角落，共同形成了项目类型的复杂体系。

由于项目的种类很多，为了有针对性地进行项目管理，以提高完成任务的效果水平，应对项目进行分类。本书将以项目的最终成果或专业特征为标准进行分类，主要包括：科学研究项目、国防项目、工程建设项目、社会项目、咨询项目等。每一类项目还可以继续细分，如工程建设项目可分为工业建设项目、农业建设项目、房地产建设项目等。建设部按专业将工程项目划分为33类，与此相应的施工承包企业也被划分为33类。

0.1.2 房地产项目

工程建设项目是指在一定的时间、费用和质量要求下，为形成一定生产功能(或使用功能)的固定资产，而按特定的程序完成的一次性任务。房地产项目是工程建设项目的一种类型，与一般性项目相比，具有更为复杂的特征。

1. 房地产项目时间的限定性较强

任何一个房地产项目都有较强的时间要求，其主要原因如下：

(1)房地产项目的资金占用量较大。房地产项目产品的高价值性，使得其生产过程的资金占用量较大。通常情况下企业可使用的资金是有限的，所以企业为了提高资金的使用效率，必须对项目的工期进行限制。如果没有时间的限制，造成项目支付的利息及相关费用太多，而使项目的内部收益率低于本行业的基准折现率，导致资金的利用率较低，资金的收益水平较低，甚至引起项目(或企业)亏损。因此一般情况下，房地产项目要尽可能地缩短工期，提高有限资金的利用率。

(2)市场需求变化较快。由于技术的进步，社会经济的发展，使人们的社会需求变化较快。在这种情况下，人们对房地产项目产品质量的要求也在不断地提高。如果房地产项目的工期过长，则可能导致项目产品不能与人们的市场需求保持同步，造成项目产品的原有功能过时，甚至引起大量的项目产品空置。

(3)市场上同行业竞争激烈。特别是商业性房地产项目，尽管其投资具有高风险性，但同时其投资的高收益性，对房地产开发商具有极大的诱惑力。因此，房地产开发商一旦发现市场上存在盈利较大的房地产项目，就会立即集中大量的资金投入这种房地产项目产品的开发。在这种情况下，如果房地产项目的工期太长，一方面可能由于市场上同类房地产项目产品总量的增加而造成该房地产项目产品的市场价格下降；另一方面可能由于后期同类房地产项目产品功能的改进，使该房地产项目产品的品质相对地下降，造成其产品的市场价格下降，使其实际收益比预计收益大大下降，甚至会造成项目(或企业)亏损。

2. 房地产项目质量目标要求较高

房地产项目投资大，投资行为具有不可逆转性，一旦质量不符合要求，就会造成资源的大量浪费。不仅如此，房地产项目的产品直接进入到人们的工作和生活之中，与人们的生命财产有着直接的联系，如果房地产项目的产品质量达不到要求，在使用过程中随时可能造成大量的人员伤亡和财产损失。这样的事件在现实生活中已有不少发生。目前我国政府对房地产项目产品的质量问题特别重视，并制定了一系列相关的政策、法规措施，以保证房地产项目产品的质量。

3. 房地产项目的费用目标较强

房地产项目的费用目标较强主要是由于资金的稀缺性和项目的经济性要求所决定的。

4. 房地产项目具有较强的系统性

房地产项目是一个非常复杂的庞大系统，这是现代房地产项目的一大特点。它不仅规模大、范围广、投资多、时间长、阶段多，而且各阶段之间相互衔接之处较多、较紧密，有时还会出现大量采用新技术、新工艺的情况。这就要求房地产项目在建设的过程中必须统一规划管理，统一进行资源和效益的核算。

5. 房地产项目具有特定的程序性

房地产项目具有特定的程序性要求，在项目的实施过程中，必须注意项目之间的衔接，按规定的或事物内部固有的程序进行项目的实施。项目的建设过程，必须要经过项目的构思设想、建议和方案拟定、详细的可行性研究及其评审、决策、勘察、设计、项目招投标、施工、竣工验收等规定的项目实施程序，不可倒置或抛弃，否则只会给项目目标的实现带来"障碍"。

6. 房地产项目组织的特殊性

由于现代化大生产和专业化分工的需要，一个房地产项目都有几十个、几百个，甚至几千个单位或部门参加，协调起来比较困难，而且房地产项目组织具有一次性。因此，要保证项目按计划有序地实施，必须建立严密的项目组织系统。这个组织系统与企业相比，具有一定的特殊性。

7. 政策法律条文的多样性

房地产项目及其组织的一次性特征，使项目组织及其责任具有不稳定性，要保证房地产项目的成功实施，必须以相关的政策法规和企业的章程来组建，明确各组织及其个人的权利和义务，明确他们的责任，以保证房地产项目组织活动的正常开展。因此，在房地产项目实施过程中，必须建立健全相关的政策法规体系，保证责任的连续性，保证实施过程中的可操作性、规范性和稳定性。目前，为了规范房地产项目的实施过程，制定了许多相关的政策法律，如《中华人民共和国城市房地产管理法》《中华人民共和国合同法》(以下简称《合同法》)、《中华人民共和国招标投标法》(以下简称《招标投标法》)、《中华人民共和国环境保护法》(以下简称《环境保护法》)、建筑装饰材料安全标准等。

综上所述，房地产项目不仅具有项目的四大基本特征，而且具有系统性、特定的程序性、组织的特殊性、政策法律条文的多样性等特征。只有正确理解房地产项目的主要特征，才能保证房地产项目的顺利实施，才能按要求达到房地产项目的预期总目标。

0.2　房地产项目系统

⊛学习目标

1. 了解房地产项目全过程；
2. 掌握房地产项目系统结构；
3. 理解房地产项目系统的特点。

0.2.1　房地产项目全过程

1. 房地产项目前期策划和确立阶段

这一阶段的工作是在市场调查研究的基础上，对房地产项目进行分析研究、综合论证和决策。其工作内容包括房地产项目的构思与定位、目标设计、可行性研究和报批立项。因整个过程的主要工作是进行项目的可行性研究，所以又把这一阶段称为项目的可行性研究阶段。

2. 房地产项目设计与计划阶段

这一阶段的工作主要包括项目的设计、计划、招标投标和施工前的准备工作。

3. 房地产项目施工阶段

这一阶段是房地产项目的具体建造过程，一般从现场开工到竣工后交付使用为止。对于商业性房地产项目，如住宅、写字楼、公寓、商场等，在政策法规允许的范围内(具有"五证")，可进行项目产品的预销售。

4. 房地产项目使用阶段

这一阶段是指从交付使用到规定的责任期结束为止，这是由房地产项目的特殊性所决定的。我国早期的房地产项目管理绝大部分是指项目的施工管理，后来由于项目管理的内涵和外延的不断拓展，使项目管理的内容向前延伸到了项目策划，向后也延伸到了项目使用阶段的管理(物业管理)。这也保证了房地产项目管理的连续性和系统性，同时，使房地产项目管理具有全程性特点，符合房地产项目的特殊性要求。房地产项目全过程示意图如图 0-1 所示。

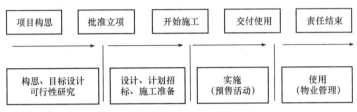

图 0-1　房地产项目全过程示意图

0.2.2　房地产项目系统结构

房地产项目是一个复杂的系统，它是由项目的目标系统、对象系统、行为系统和组织系统所构成的，它们共同决定着项目的整体形象。

1. 房地产项目的目标系统

房地产项目目标系统实质是项目所要达到的最终状态的描述系统。房地产项目管理采取目标管理的方式。房地产项目目标系统是项目实施过程中的一条主线，是由项目任务书、技术规范、合同文件等说明(定义)的抽象系统。在它的设计与实施过程中应注意以下几点：

(1)系统目标的多级性。房地产项目目标系统可分为"系统目标——子目标——可执行目标"三级，任何系统目标都可以分为若干个子目标，子目标又可分为若干个可执行目标。

(2)系统目标的完整性。项目目标因素之和应能够完整地反映上层系统对项目的要求，特别要保证强制性目标因素，所以项目通常是由许多目标因素构成的完整系统。

(3)系统目标的均衡性。各目标之间强烈的逻辑关系要求项目目标之间具有均衡性，不能任意强调其中某些目标因素，否则就会破坏目标系统的平衡状态，造成整个项目系统的失衡。

(4)系统目标的动态性。项目是在环境不断变化的条件下进行的，其实施过程是一个动态发展的过程，所以其目标系统应根据实际的需要，进行动态的调整，不能够生搬硬套。

2. 房地产项目的对象系统

房地产项目的实施是要完成一定功能、规模和质量要求的工程，所以房地产项目对象系统的实质是房地产项目本身，是行为的对象(或行为客体)，可分解为许多分部、许多功能面组合起来的综合体，有自身的系统结构形式。它常由项目的设计任务书、技术设计文件(如实物模型、图纸、规范)来定义，并通过项目实施而完成的具体系统。因此，房地产项目的对象系统决定着项目的类型和性质，决定着项目的基本形象和本质特征，决定着项目实施和项目管理的各个方面。在房地产项目对象系统的设计与实施过程中应注意以下几点：

（1）系统空间布置合理。房地产项目空间结构的布置应使各分部和专业工程协调一致（包括功能协调和生产能力协调等），能够安全、稳定、高效率地运行，达到预期的设计效果。

（2）系统结构合理。房地产项目结构的排序应使各部分、各专业工程投资比例合理，质量和寿命期设计均衡，使整个项目的结构均衡，保证高效运行。

（3）系统与环境协调。房地产项目不仅要符合上层系统的要求，达到预定的目标，而且还必须与自然、社会、经济、政治环境协调一致，特别是与当地的交通、能源、水电供应、通信等各方面协调，保证房地产项目能和谐地融合于社会大系统中。

3. 房地产项目的行为系统

房地产项目的行为系统是由实现项目目标、完成项目任务所必需的项目活动构成的。这些活动之间存在着各种各样的逻辑关系，是一个有序的、动态的工作过程，通常是由项目结构图、网络计划、实施计划、资源计划等表示的抽象系统。在房地产项目行为系统的设计和实施中应注意以下几点：

（1）系统完整性。房地产项目的行为系统应包括实现项目目标系统所必需的全部工作，并应将它们纳入项目的计划和控制过程中。

（2）系统有序性。房地产项目的行为系统应保证项目实施过程程序化、合理化，均衡地利用项目的有限资源（如土地、劳动、材料和设备等），并保持项目实施的正常秩序。

（3）系统和谐性。房地产项目的行为系统应保证项目的各分部、各专业之间能够协调一致，实现项目能高效率运行的目标，切实完成项目的预期效益目标。

4. 房地产项目的组织系统

房地产项目的组织系统是由完成项目任务的行为主体所构成的系统，是许多人和组织共同形成的一个具体系统，如建设单位（业主）、设计单位、施工单位（承包商）、供应商、上层主管单位等。各个组织之间常常通过行政的或合同的关系连接形成一个庞大的组织系统，为实现共同的项目目标承担着各自的项目任务。因此，在房地产项目组织系统的设计和运行过程中应注意以下几点：

（1）系统组织目标的明确性。系统组织目标的明确性是指系统内各组织必须有明确的工作任务及相应的责任目标，否则会使项目组织迷失方向，或陷入混乱。

（2）系统组织的开放性。系统组织的开放性是指系统内部各组织应与外界环境保持资源和信息的交换，以促进项目组织系统能适应外界环境，提高其适应外界环境变化的能力。

（3）系统组织的动态性。项目系统是在外界环境不断变化的情况下运行的，所以项目组织系统应该是一个随环境变化而不断调整的动态系统，才能保证系统的正常运行。在动态调整的过程中，应保持组织人员和责任的连续性和统一性，使项目组织能在稳定的环境下正常地开展工作。

0.2.3 房地产项目系统的特点

1. 结合性

任何房地产项目系统都是由许多要素组合起来的，同时，整个项目系统又可以按结构分解为项目的子单元或可执行单元，并加以描述和定义。系统的结合性是项目管理方法使用的前提和基础。

2. 相关性

任何构成房地产项目系统的各子系统、子单元之间是相互联系、相互影响的，共同构成一个严密的、有机的整体。项目系统的各单元之间、各单元与大环境系统之间都存在着复杂的界面，正是这些复杂界面之间的联系，才构成了项目的有机整体。

3. 目的性

任何房地产项目都是为满足项目上层系统的需要而设计的，所以其目的性非常明确，始终贯穿于项目的整个过程和项目实施的各个方面。

4. 开放性

房地产项目是在一定的时间和空间中存在的，其生产和使用过程都是社会大系统的子系统，与社会大系统的其他方面有着各种联系，并与大系统有直接的信息、材料、能源、资金的交换。因此，房地产项目系统是一个开放的系统。

5. 动态性

从房地产项目发展的全过程来看，整个项目是一个动态的、渐进的发展过程。在项目的实施过程中，由于业主的要求、项目的环境、组织的人员等都可能发生变化，项目的目标、技术设计、实施过程等都应进行相应的修改和调整，以保证项目目标的实现。

6. 不确定性

现代房地产项目不仅投资规模大、持续时间长、参加单位多，可能还需要国际合作，并受外界经济、政治、文化、法律及自然等因素变化的影响，所以项目的目标、项目的成果、项目的实施过程具有很大的不确定性，使现代房地产项目具有较大的风险性。

0.3 房地产项目管理

学习目标

1. 了解房地产项目管理的含义和方法；
2. 熟悉房地产项目管理各参与单位的组成及其任务；
3. 掌握房地产项目管理目标体系的构成。

0.3.1 房地产项目管理的含义及其任务

1. 房地产项目管理的含义

房地产项目管理是工程项目管理的一个分类，是房地产项目的管理者运用系统工程的观点、理论和方法，对房地产项目的建设和使用进行全过程和全方位的综合管理，实现生产要素在房地产项目上的优化配置，为用户提供优质产品。它是一门应用性很强的综合性学科，也是具有很大发展潜力的新兴学科。房地产项目根据管理者不同，又可分为建设项目管理(业主单位)、设计项目管理(设计单位)、工程咨询项目管理(咨询监理单位)、施工项目管理(施工单位)和后期物业管理(物业公司)。

2. 房地产项目管理的任务

在现代房地产项目中，由于项目本身的复杂性和庞大性，它往往涉及许多专业部门，不仅仅是项目建设单位或项目投资单位。在项目的建设过程中，尽管不同的参与者所承担的工作任务不同，但是各参与者及其工作任务共同构成了房地产项目管理的完整体系。

(1)项目建设单位。项目建设单位是站在投资主体的立场对项目进行综合性的管理。其管理是通过一定的组织形式，采用多种方法和措施，对整个项目所有工作的系统全过程进行计划、协调、监督、控制和总评价，以保证项目质量、工期、投资效益目的的实现。除项目建设单位之外还包括项目的其他投资者，如项目融资单位、BOT 项目的投资者等，他们必须参与项目全过程的管理，便于了解项目的投资收益情况，确定投资方案。

(2)项目设计单位。在现代项目实施过程中，由于市场经济体制的影响，设计单位的工作任务在不断地延伸，已经打破了以往纯设计阶段的旧格局，在向两端逐渐拓展，渐渐深入到项目目标设计、可行性研究、施工阶段和竣工验收阶段，甚至还渗透到使用过程中的改造和维修过程。因此，在市场的作用下，项目设计单位的工作任务在不断地拓展，已不完全是设计阶段的自我管理。其工作任务已延伸到项目施工阶段的监督、竣工阶段的质量验收，在项目前期为项目建设单位提供可靠的技术服务，帮助建设单位进行产品定位和项目立项等。

(3)施工单位(或项目承包商)。施工单位是项目产品的直接建造单位，一般是在项目施工图设计完成后，施工单位通过投标的形式取得项目的施工承包资格，按承包合同的规定完成项目的施工任务，并在规定的时间内交付项目，同时，还应按合同规定承担承包项目的保修责任。其工作范围、责任与权力的持续时间应在合同中进行清晰地规定。

现代房地产项目的复杂性，使业主越来越趋向于将项目的全部任务交给一个承包商完成，即采用"设计——施工——供应"的总承包方式。采用这种承包方式的项目，承包商往往在项目立项后，甚至在项目可行性研究阶段或构思阶段就介入了项目的有关工作，为业主提供全程、全方位的服务(包括项目的运行管理，参与项目的融资等)。

这种总承包公司可能是一个纯粹的项目管理公司(没有施工单位和设计单位等)，对项目各阶段的任务可在统一调配下，采用分包的方式分包给设计单位、施工单位、监理单位等。此时的总承包方式已经打破了过去总承包单位仅仅承包项目施工任务的运行程序，可使总承包单位运用自己丰富的项目管理经验对具体项目实施管理，同时减轻了业主管理项目的压力，在一定程度上促进了项目的顺利实施和社会资源的合理利用。

(4)咨询单位(或监理公司)。咨询单位(或监理公司)是一种中介服务组织，一般是在接受业主或总承包商的委托之后，按咨询(监理)合同的规定，代表业主或承包商，对项目进行技术咨询(监理)，对相应阶段的相关任务进行咨询(监理)。其中咨询(监理)单位主要是对业主或承包商直接负责。

当然，还包括对项目进行宏观调控的政府主管部门，他们主要调控项目对整个社会经济发展的影响，控制项目的质量关，促进项目与环境之间的协调等宏观性工作。

上述各项目参与单位的工作任务都符合"项目"的定义，因此在具体的实施过程中，都可设立自己相应的项目管理组织，以实施相应的项目管理任务或过程。

3. 房地产项目管理的目标体系

项目的成功实施是项目管理的总目标。要取得项目的成功，首先必须做好以下工作：

(1)要对具体项目进行充分的战略研究，制定正确的、科学的、符合实际的、可执行的项目目标计划。

（2）要对项目技术方案进行科学、经济的设计。在设计的过程中，要坚持技术先进与经济合理相结合的原则，坚持资源可持续利用的原则，坚持经济发展与人类生存发展相结合的原则，加强人居环境的改善，保证项目实施的安全性和使用的高效性。

（3）要建立一支有力的、高素质的项目管理队伍。只有具备高素质的项目管理队伍，才能将上层系统的战略目标计划和复杂的工程技术方案同具体项目的实际情况结合起来，才能把所有的项目参与者调动起来，融为一个统一的整体，才能把项目所有的活动联系起来，形成一个有序的整体。因此，高素质队伍的建立是项目成功的关键和基础。

上述三个方面的工作是项目取得成功的前提条件和基础。这里的项目成功是一个相对概念，是相对于项目所处的具体环境而言，离开了这个具体环境，一个成功的项目也可能会转化为不完全成功的项目；相反，一个非成功项目也可能转化为一个基本成功的项目。因此，成功项目在不同时期、不同环境下的判断标准是有差别的。但这并不是说没有判断标准，一般情况下，作为一个成功的项目应满足下列条件：

（1）要在限定的费用条件下，尽可能地降低项目的费用消耗，减少资金的占用，达到项目预期的使用功能和使用效果，使项目在使用过程中能经济、安全、高效地运行。

（2）要在预定的时间内完成项目的建设，不拖延、及时地实现投资目的，达到预定的项目总目标和要求；要使项目能合理有效地利用各种资源，使项目具有可持续发展的潜力。

（3）必须使项目能为使用者（顾客或用户）所接受、认可，同时要照顾到社会各方面及各参加者的利益，使各方面及各参加者感到满意（这可能是一个比较苛刻的条件）。

（4）必须使项目与环境协调。这是"以人为本"思想在房地产项目中的具体体现，包括与自然环境的协调，与人文环境的协调，与社会环境的协调。

（5）必须使项目实施按计划、有秩序地进行，尽可能降低工程变更和事故发生，较好地解决项目实施过程中出现的风险、困难和干扰，使项目的损失降低到最低限度。

要使项目完全符合上述每一个条件，几乎是不可能的。因为在一个具体的项目中各个评价指标的重要地位不同，常常需要确定它们的优先等级，如有的指标必须保证，有的指标尽可能照顾，有的指标是不可能完全得到保证，甚至有些指标之间是相互矛盾的。因此，在具体项目中，我们应根据项目的具体特点，确定各个指标的优先等级，保证项目总体目标的实现，这一工作实质上是属于项目目标优化的工作内容。

当然，项目是否能够获得成功，不仅与项目管理的内容和方法手段有很大的关系，而且与项目管理的目标设计是紧密相连的。如英国建造学会在《项目管理实施规则》中将项目管理定义为："为一个建设项目进行从概念到完成的全方位的计划、控制与协调，以满足委托人的要求，使项目得以在所要求的质量标准的基础上，在规定的时间内，在批准的费用预算内完成。"在房地产项目管理的多目标体系中，其三大基本目标及其关系的确定是建立项目管理目标体系的主要内容。因此，房地产项目管理的功能（质量）目标、进度（工期）目标和费用（成本）目标，共同构成房地产项目管理的目标体系，如图0-2所示。

项目管理的三大目标通常由项目任务书、技术设计和计划文件、合同文件（承包合同和咨询合同）具体地定义。这三大基本目标在项目生命周期中有以下特征：

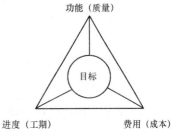

图0-2 房地产项目管理
目标体系的构成

（1）三大基本目标共同构成项目管理相互联系、相互影响的目标系统。某一方面的变化必然引起其余两个方面的变化。如果过于追求缩短工期，必然会损害项目的功能（质量），引起成本增加。所以项目管理应追求它们三者之间的优化和平衡。

（2）三大基本目标在项目的策划、设计、计划过程中经历由总体到个体，由概念到实施，由简单到详细的过程。项目管理的三大目标必须分解落实到具体的各个项目单元（子项目、项目活动）上，才能保证总目标的实现，形成一个完整的控制体系。所以项目管理的实质是目标的管理。

（3）三大基本目标结构关系的均衡性和合理性，构成项目管理目标的基本逻辑关系，只强调最短工期、最高质量、最低成本都是片面的。它们的均衡性和合理性不仅体现在项目总体上，而且体现在项目的各个单元上。

0.3.2　房地产项目管理方法

房地产项目管理系统的复杂性和目标的多样性，使得房地产项目管理方法也具有多样性。根据不同的分类标准，房地产项目管理方法可划分为下列几种形式。

1. 按管理目标划分

按管理目标不同，房地产项目管理方法可分为进度管理方法、质量管理方法、成本管理方法、安全管理方法、现场管理方法等。

2. 按管理方法的量化程度划分

按管理方法的量化程度不同，房地产项目管理方法可分为定性方法、定量方法和综合管理方法。其中定性方法是经验方法；综合管理方法是定性方法和定量方法的结合。

3. 按管理方法的专业性质划分

按管理方法的专业性质不同，房地产项目管理方法可分为行政管理方法、经济管理方法、管理技术方法和法律管理方法等。

0.4　发展方向

🔵学习目标

1. 了解房地产项目管理的意义；
2. 了解房地产项目管理的发展方向。

0.4.1　房地产项目管理的意义

房地产项目管理的意义主要体现在计划、组织、协调和控制四个方面。

1. 房地产项目的计划管理

对房地产开发项目进行计划管理，能使项目的开发建设有计划、按顺序有条不紊地展开。即通过使用动态计划管理，将工程项目全过程和全部开发活动纳入计划轨道，使项目有序地达到预期总目标。

2. 房地产项目的组织管理

房地产项目的组织管理是指通过职责划分、授权、合同的签订与执行，以及根据有关法律法规，建立各种规章制度，形成一个高效率的组织保障体系，使项目的各项目标得以实现。

3. 房地产项目的协调管理

房地产项目协调管理的意义是为开发项目提供协调和谐的公共环境，保证项目开发建设顺利进行。协调管理的主要任务是对开发项目与外部环境、项目各子系统之间，以及项目不同阶段、不同部门、不同层次之间的关系进行沟通与协调。这种沟通与协调将更有利于睦邻公共关系，吸纳融通资金，寻找材料设备供货渠道，广揽优秀设计和施工队伍，获得市场竞争优势，促进产品销售。这种协调之中，人际关系协调最为主要，项目经理在人际关系协调过程中处于核心地位。

4. 房地产项目的控制管理

房地产项目的控制管理主要是通过计划、决策、反馈和调整等手段，采取项目分解、各种指标、定额、阶段性目标的贯彻执行与检验等措施，对开发项目的工程质量、施工工期、资金使用、成本造价等进行有效控制，以确保开发项目用最少投入，获得最大的经济效益、社会效益和环境效益。所以，房地产项目控制管理的意义是对项目的质量、工期和成本进行控制，并获得最大的综合效益。

【案例资料】

某高校在大学城建设新校区，一期工程包括教学楼 6 栋、实验楼 1 栋、宿舍 6 栋、食堂 1 座、操场 1 个、图书馆 1 栋，楼房全部为多层砖混结构建筑，计划两年建成，2014 年 9 月 1 日投入使用。学校成立了新区建设指挥部，校长担任总指挥，指挥部与基建处合署办公，项目管理工作由基建处承担，重大问题由指挥部出面协调。基建处在校园网上发布设计招标公告，组织施工单位和监理单位招标，项目建设过程中协调各个参建机构，与政府建设管理部门保持密切沟通，办理各项审批手续。经过艰苦努力，项目如期全部完工，师生们搬迁入住。

0.4.2 房地产项目管理的发展方向

随着我国城市化进程的加速和城市人口的增加，各类用房需求增加，同时房地产市场的竞争日趋激烈，传统的房地产企业项目管理的技术和方法已无法适应现有市场需求。而作为房地产企业根本的项目管理，关系着房地产企业未来的发展。房地产企业的项目管理是一项涉及规划、建筑、结构、机电、园林、管理等多专业的系统工程，需要各专业人员的共同协作，统筹人员、资源、进度、质量、成本、安全等各方面因素，并进行有效管理，才能使项目成功达到预期的目标。好的项目管理能促进企业发展，并推动建筑行业的不断前进，带来巨大的经济效益和社会效益。

1. 项目管理理论、方法、手段的科学化

现代房地产项目管理吸收并使用了现代科学技术的最新成果，这是它最显著的特点。它注重现代管理理论在项目管理中的应用，如系统论、信息论、控制论、行为科学等，为现代项目管理理论体系奠定了基础；它运用了现代管理技术，如预测技术、决策技术、技术经济分析方法、数学分析方法、数理统计方法、模糊数学、线性规划、网络技术、图论、排队论、图文处理技术等，使项目管理科学化；它使用了现代化的管理手段，如计算机、精密仪器、多媒体和互联网等，使项目管理精确化、高效化。目前以网络技术为主的项目管理软件已在工期、成本、资源等的计划、优化和控制方面趋于完善，可供用户使用，大大提高了项目管理的效率。

2. 项目管理的社会化和专业化

房地产项目的数量越来越多，规模越来越大、越来越复杂，而现代社会对项目的要求越来越高，所以在项目实施及其管理过程中需要职业化的项目管理，这样才能有高水平的项目管理。项目管理发展到今天已不仅是一门学科，而是已经成为一种职业，这为社会的发展、拓展人们的就业渠道提供了良好的"契机"。

以往的项目建设管理班子，不仅没有使管理人员的经验得到很多积累，而且造成了人力资源的浪费，目前已不能适应市场经济的发展，不能适应现代房地产项目管理的需要。现代专业化的项目管理公司专门承接项目管理业务，不仅可以提供全过程的专业化咨询和管理服务，而且可以适应现代化管理的需要。这是世界性的潮流，项目管理（包括咨询、工程监理等）已成为一个新兴职业，已探索出许多比较成熟的项目管理模式，并使项目取得较好的效益，达到投资省、进度快、质量好的目标。

3. 项目管理的标准化和规范化

项目管理是一项技术性非常强的工作，要符合社会化大生产的需要，项目管理必须标准化、规范化。这样才能使项目管理工作具有通用性，逐渐摆脱经验型管理，逐渐使管理"软"特征得到硬化，才能使项目管理专业化、社会化，才能提高管理水平和经济效益。项目管理的标准化和规范化体现在许多方面，如规范化的定义和名词解释、规范化的项目管理工作流程、统一的工程费用（成本）项目的划分、统一的工程计量方法和结算方法、信息系统的标准化、使用标准的合同条件和招投标文件等。

4. 项目管理的国际化

项目管理的国际化即按国际惯例进行项目管理，其趋势不仅在我国而且在全世界也越来越明显。这主要是由于国际合作项目，如国际工程、国际咨询和管理业务、国际投资、国际采购等越来越多。现在不仅一些大型房地产项目，连一些中小型房地产项目，如参加单位、设备、材料、管理服务、资金等都呈现国际化合作趋势。但项目国际化会带来项目管理的困难，其中最主要的困难是受不同文化、风俗习惯、法律背景和经济制度等方面的影响，难以协调项目各参与方。

项目管理的国际惯例可以把不同文化背景的人包罗进来，提供一套通用的程序、通行的准则和方法、统一的文件，使项目中的协调有一个统一的基础，所以项目管理的国际惯例能被广泛采用。目前，项目管理的国际惯例通常包括：世界银行推行的工业项目可行性研究指南；世界银行的采购条件；国际咨询工程师联合会颁布的 FIDIC 合同条件和相应的招标投标程序；国际上处理一些项目问题的惯例和通行准则等。

➤ **思考题**

1. 如何理解项目的含义及其特征？
2. 如何理解房地产项目的含义及其特征？

3. 简述项目目标和项目管理目标的联系和区别。

4. 简述现代房地产项目管理内容及其特点。

5. 现代房地产项目管理过程有哪些参与者？各参与者的工作内容和范围是什么？

6. 结合具体的房地产项目，说明在房地产项目管理方法的选择过程中应注意哪些原则？

7. 结合具体的房地产项目，论述其取得项目成功必须具备的条件。

▶ 任务实训

任务描述：李小明同学考上了大学，父母希望他进入大学后，多向老师和高年级同学请教大学学习与生活的经验，好好规划四年的大学生活，圆满地完成大学学业，为自己将来的发展打下良好基础，毕业后找到一份满意的工作。

问题：

1. 李小明同学的四年大学学习是一个项目吗？

2. 分析该项目的三约束？

3. 怎样定义该项目是成功或不成功？

相关案例 0-1 一个成功的房地产项目管理案例

由保罗·伯格(Paul Berg)领导的森姆斯柏瑞(Simsbury)建筑师事务公司，负责开发一个名为"鹿之苑"的住宅小区项目。该项目是在 13.5 英亩的郊区土地上进行低密度的公寓楼开发建设，共包括 48 套花园式公寓，每套公寓有 2～3 间卧室，面积从 1 000～13 000 平方英尺不等。该项目还有附属的儿童游玩区、停车场和环境工程等。来自建筑师事务公司的项目团队一直在运用项目管理的技术与思路，他们清晰地界定了项目目标和任务：

1. 在 375 万美元的预算内完成项目；

2. 按时或提前完成；

3. 作为一个最符合项目要求的团队执行项目；

4. 预测项目需求，并在问题发生之前识别潜在的问题；

5. 使客户满意地结束项目。

由于项目团队的辛勤努力以及项目管理技术的成功运用，这个小区在不到 8 个月的时间内就竣工了，比原计划工期提前了一个月，还节省了 30 万美元的预算支出。由于"鹿之苑"项目的成功运作，康涅狄州的另一个占地 50 英亩、总价 875 万美元的房屋开发项目也由业主交给了该建筑师事务所及其项目团队来完成。然而项目团队最大的满足感在于他们帮助了那些原来可能没有机会住进环境这么优美的家园的人，使他们现在可以买得起这样的房屋。

任务1 房地产项目定义与决策

子任务1 房地产项目需求分析

学习目标

1. 了解房地产项目的工作阶段划分；
2. 了解房地产项目机遇识别和需求分析的内容；
3. 了解房地产项目定义与决策阶段的任务。

学习任务

按照任务实施的相关知识与实施内容的要求，学生可采取自由组合为学习小组的方式，利用课上课外时间对工作任务进行分析，并有针对性地提出解决问题的方法和技巧，根据任务分析理清解决问题的思路，填写任务实训表格中的相关内容，编制房地产项目 SWOT 分析报告。

任务分析

知识点：

1. 了解房地产项目需求分析的概念与要领；
2. 认识房地产项目需求分析前项目机遇的识别；
3. 掌握房地产项目 SWOT 分析内容。

技能点：

1. 能根据实际项目运用 SWOT 分析方法进行分析；
2. 能编制房地产项目 SWOT 分析报告。

态度点：

1. 能主动学习，在完成任务过程中发现问题、分析问题和解决问题；
2. 能与小组成员协商、交流配合完成学习任务；
3. 严格遵守安全规范、学习纪律。

任务实施

1.1 相关知识

项目是分阶段完成的一项独特性的任务，一个组织在完成一个项目时会将项目划分成一系列的项目阶段，以便更好地管理和控制项目，更好地将组织的日常运作与项目管理结合在一起。房地产开发项目也不例外，在房地产项目管理中，一个具体的项目可以根据项目所属专业领域的特殊性和项目的工作内容等因素划分成各种不同的项目工作阶段，即项目定义与决策阶段、项目计划和设计阶段、项目实施与控制阶段、项目完工与交付阶段。

在项目定义与决策阶段中，人们提出一个项目的提案，并对项目提案进行必要的机遇与需求的分析和识别，然后提出具体的项目建议书。在项目建议书或项目提案获得批准以后，就需要进一步开展不同详细程度的项目可行性分析，通过项目可行性分析找出项目的各种备选方案，然后分析和评价这些备选方案的损益和风险情况，最终做出项目方案的抉择和项目的决策。这一阶段的主要任务是提出项目、定义项目和做出项目决策。

一、分析和识别房地产项目的机遇

人们在生产活动、经济和社会活动中会遇到各种各样的问题，从而产生出各种各样的设想、主意、建议和计划并设法将这些变为现实。他们首先需要将这些所要解决的问题，所面临的机遇和所能满足的需求识别出来，并予以定义清楚。因此，在房地产项目定义与决策阶段人们首要的任务是识别出项目的机遇和对于项目的基本需求。

1. 发现问题并提出设想

首先要找出为解决什么样的问题而要开展一个具体项目。通常，这类问题会成为限制一个房地产开发企业的生存与发展的关键性问题或瓶颈性问题。这种问题是开展一个项目的基本前提和必要条件。所以房地产项目管理将"发现问题"作为一个项目的起点。当然，在发现问题的基础上，还需要进一步分析问题并找出解决问题的办法，即提出项目的基本设想。

2. 分析机遇和条件

在发现问题和提出设想的基础上，还需要分析和识别是否能够解决问题，实现设想，从而使企业获得发展的机遇和条件。它既包括企业自身内部条件的分析，更重要的是有关外部环境和机遇的分析与研究。人们有许多设想是非常好的，但是由于这些设想"生不逢时"，故而根本无法实现。

二、房地产项目需求分析

1. 需求分析的概念

在分析了机遇和条件以后，还需要进一步分析项目设想在满足企业需求方面的情况，即项目能够在多大程度上解决企业所面临的问题。

需求分析是对房地产项目所匹配的竞争市场供应和目标消费群体需求对比所形成的市场空间的判断。其核心是对市场机会点的判断和选择。

2. 需求分析的主要内容

(1)区域经济分析。具体指区域经济格局与特点分析；城市在区域经济发展中的角色分析；区域经济对城市房地产业发展的影响分析。

(2)城市宏观经济分析。具体指城市经济发展对消费需求的影响分析，如人均 GDP 与居住水平的关系、与居住郊区化的关系等；城市个性、城市文化、城市经济与消费阶层的关系；城市产业结构对房地产需求的影响分析；城市人口变迁与房地产需求的影响关系。

(3)城市发展规划分析。具体指城市发展的空间格局分析，包括城市结构的历史变迁与未来的发展方向，以及城市规划对房地产市场的影响作用；城市重点建设项目对城市结构的影响，特别是对项目所在区域的影响分析；城市分区与居住分区的特点分析；城市改造对房地产业发展的影响分析。

(4)房地产市场分析。具体指供应变化分析，包括供应规模、供应结构、空置情况、供应的主要影响因素等；潜在供应和竞争状况的评估；需求变化分析，包括需求规模、需求结构、需求特点、消费需求的主要影响因素、需求的变化趋势等；有效需求和有效供给的对比分析；价格变化分析，包括价格走势、价格变化弹性、价格的主要影响因素分析等；三级市场和二级市场的互动关系。

(5)消费人群分析。具体指城市文化与消费文化的特征；对目标市场进行分析，包括收入与文化特征分析、年龄和家庭特征分析等；消费需求的敏感性分析——从对区位地段、住宅类型、环境特征、配套设施、企业品牌、小区成熟度和管理水平的敏感程度，判断消费者文化和需求特征。

(6)相关产业政策分析。具体指产业政策对消费需求和供给状况的影响等。

简言之，需求分析的任务就是解决"做什么"的问题，就是要知道项目能够在多大程度上解决企业所面临的问题。

1.2　实施内容

一、目的

房地产项目市场需求分析等调查工作的范围很广，内容庞杂，而且也不可能同期同时完成，故须分阶段、分主题地进行市场机会点的判断和选择。从理论上说机会是无限的，但具体到每一个房地产企业而言，对机会确实需要一个甄别和选择的过程。经过了市场机会识别的过程后，发现了可能的市场机会。很显然，并不是所有可能的市场机会都是适合企业的机会，还必须有一个对机会进行判断的阶段，即检验市场机会是否与企业相匹配，是否能转变为企业机会。该项目任务要求在识别市场机会的基础上，运用 SWOT 分析的方法来检验或判断市场机会是否与房地产企业相匹配。同时，利用媒介查阅大量房地产项目 SWOT 分析案例，结合实际房地产项目的调研工作，完成一份《×××房地产项目 SWOT 分析报告》，为后续房地产项目可行性分析提供真实数据。

二、项目 SWOT 分析内容

SWOT(Strengths Weakness Opportunity Threats)分析法，又称态势分析法或优劣势分析法，20 世纪 80 年代初由美国旧金山大学的管理学教授韦里克提出，经常被用于企业战略制定、竞争对手分析等场合，是用来确定企业自身的竞争优势(Strength)、竞争劣势(Weakness)、机会(Opportunity)和威胁(Threat)，从而将企业战略与其内部资源、外部环境有机地结合起来。

1. 项目 SWOT 分析法的概念

项目 SWOT 分析法，是将项目内外部各方面内容进行综合和概括，进而分析项目的优势和劣势、机会和威胁的一种方法。其中，优势和劣势分析主要着眼于项目自身的实力及与竞争对手的比较；而机会和威胁分析是指外部环境的变化及对项目的可能影响。由于外部环境的同一变化给具有不同资源和能

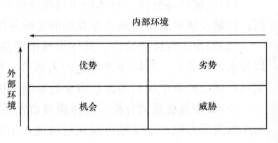

图 1-1　SWOT 分析模型

力的项目带来的机会或威胁可能完全不同，所以，两者之间又有着紧密的联系。在运用方法上，通过调查列举出内外部因素，并依照矩阵形式排列，图 1-1 所示为 SWOT 分析模型。然后用系统分析的思想，把各种因素相互匹配起来加以分析，从中得出一系列相应的结论，

而结论通常带有一定的决策性。

2. 项目 SWOT 分析

从整体上看，SWOT 可以分为两部分：第一部分为 SW，主要用来分析内部条件；第二部分为 OT，主要用来分析外部条件。利用这种方法可以从中找出对自己有利的、值得发扬的因素，以及对自己不利的、要避开的因素，发现存在的问题，找出解决办法，并明确以后的发展方向。根据 SWOT 分析，可以将问题按轻重缓急分类，明确哪些是急需解决的问题，哪些是可以稍微拖后的问题，哪些属于战略目标上的障碍，哪些属于战术上的问题，并将这些研究对象列举出来，依照矩阵形式排列，然后用系统分析的思想，把各种因素相互匹配起来加以分析，从中得出一系列相应的结论，有利于领导者和管理者做出较正确的决策和规划。

进行项目 SWOT 分析时，主要有以下几个方面的内容：

(1)分析环境因素。运用各种调查研究方法，分析出项目所处的各种环境因素，即外部环境因素和内部能力因素。外部环境因素包括机会因素和威胁因素，是指外部环境对公司的发展直接有影响的有利和不利因素，属于客观因素；内部环境因素包括优势因素和弱点因素，它们是项目在其发展中自身存在的积极和消极因素，属于主动因素，在调查分析这些因素时，不仅要考虑到历史与现状，更要考虑未来发展问题。

①优势，是项目组织的内部因素，具体包括：有利的竞争态势；强大的经济实力；地域优势；项目市场声誉良好；良好的市场环境；项目组织结构合理；技术力量；规模经济；产品质量；成本优势；广告攻势等。

②劣势，是项目组织的内部因素，具体包括：竞争战略不明确；人力资源管理存在不足；销售队伍建设不够；组织文化尚有欠缺；管理混乱；研究开发落后；资金短缺；经营不善；产品积压；竞争力差等。

③机会，是项目组织的外部因素，具体包括：国家宏观调控带来的机遇；消费水平不断提高；市场环境好；新产品；新市场；新需求；外国市场壁垒解除；竞争对手失误等。

④威胁，是项目组织的外部因素，具体包括：国家宏观调控带来的威胁；市场竞争日益激烈；房地产开发贷款门槛抬高；行业政策变化；经济衰退；客户偏好改变；突发事件等。

SWOT 分析法的优点在于考虑问题全面，是一种系统思维，而且可以把对问题的"诊断"和"开处方"紧密结合在一起，条理清楚，便于检验。

(2)构造 SWOT 矩阵。将调查得出的各种因素根据轻重缓急或影响程度等排序方式，构造 SWOT 矩阵。在此过程中，将对项目组织发展有直接的、重要的、大量的、迫切的、久远的影响因素优先排列出来，而将间接的、次要的、少许的、不急的、短暂的影响因素排列在后面。

(3)制定行动战略计划。在完成环境因素分析和 SWOT 矩阵的构造后，便可以制定出相应的行动战略计划。图 1-2 所示为 SWOT 矩阵

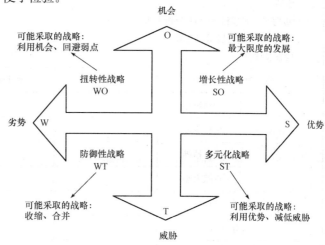

图 1-2 SWOT 矩阵战略图

战略图。

　　制定战略计划的基本思路是：发挥优势因素，克服弱点因素，利用机会因素，化解威胁因素；考虑过去，立足当前，着眼未来。运用系统分析的综合分析方法，将排列与考虑的各种环境因素相互匹配起来加以组合，得出一系列项目组织未来发展的可选择对策。

1.3　任务实训

工作任务	×××房地产项目 SWOT 分析			学时	4
姓　名		学　号	班　级	日　期	

任务描述：根据项目 SWOT 分析法的理论知识和相关资料的准备，结合房地产项目的实地调研，完成×××房地产项目 SWOT 分析报告。

1. 咨询(课外完成)

(1)×××项目的概况

(2)相关问题

①SWOT 分析法的作用是什么？

②SWOT 分析法的要素有哪些？

③简述 SWOT 分析法的主要步骤。

2. 决策(课外完成)

制定项目 SWOT 分析表：

Strengths 优势分析	Weakness 劣势分析
Opportunity 机会分析	Threats 威胁分析

结论：

3. 计划

进行项目编组，项目小组人员数一般以 5～10 人为宜。根据老师布置的实训任务与要求核对各组资料准备情况。

4. 实施

(1)编写×××项目 SWOT 分析报告。

(2)制作 PPT 进行展示与交流。

5. 检查及评价

考评项目(100 分)		自我评估	组长评估	教师评估	备注
素质考评 20	劳动纪律 5				
	积极主动 5				
	协作精神 5				
	贡献大小 5				
实训考评 20					
总结分析 20					
综合评价 40					

目前，SWOT 分析已逐渐被许多企业运用到企业管理、人力资源、产品研发等各个方面。作为一种特殊产品的研发，房地产开发项目也越来越多地运用到 SWOT 分析中。

作为房地产企业，想要在行业中生存下来，就要看清楚自己企业的优势、劣势、机会和威胁，才能得以在竞争激烈的社会中生存。

下面就以大连"星海国宝"和"亲亲家园"（图 1-3 所示为星海国宝项目，图 1-4 所示为亲亲家园项目）两个房地产项目为例进行 SWOT 分析。在分析优势和劣势时，主要按照"星海国宝"的优势和劣势的顺序进行分析，并把"亲亲家园"的对应方面做横向对比；在分析机会和威胁时列出二者各自的机会和威胁进行对比。

图 1-3　星海国宝项目

图 1-4　亲亲家园项目

第一，看优势。企业优势在哪里？所谓优势是不是能成为利润增长点？品牌有没有优势，人力资源有没有优势，整合力有没有优势，企业的核心竞争力是什么？最后，最重要的是如何发挥优势，在市场竞争中立于不败之地。

"星海国宝"最大的优势就是它的地理位置优越。"星海国宝"靠山临海，面向亚洲最大的城市广场，比邻大连市西南部新崛起的中央商务区。这样的地理位置无疑是很多房地产企业追逐的目标。由于靠近大海，属于时兴的"海景住宅"，人们的视野比较开阔，更容易吸引久居内陆、少见大海的人们。由于比邻星海广场、星海公园、大连野生动物园、星海会展中心、滨海路等重要旅游景点和公共场所，此地的交通方便，向东可沿滨海路到达金沙滩、银沙滩、大连野生动物园、付家庄公园、秀月山庄、燕窝岭婚庆公园、北大桥、老虎滩海洋公园、石槽村、棒棰岛、十八盘，直到海之韵公园之内的海之韵广场等大连重要的风景区；向西可由中山路到达星海公园，以及大连医科大学、东北财经大学、大连水产学院、大连理工大学、大连海事大学等高等学府。更因为靠近大海，地处城市的边缘即陆地的边缘，因此虽交通方便但不易堵车。由于星海广场一带是在原有垃圾场的基础之上再进行添海造陆，故开发此地并不涉及拆迁费用的问题，节省了一部分开发费用。

相比之下，"亲亲家园"的地理位置从传统概念上讲要稍逊一筹。"亲亲家园"位于城市建成区的边缘地带，从传统概念上说属于市郊区。最近随着大连市"西拓北进"的建设步伐加大，此地已成为城区的一部分。但即使这样，它给人的感觉还是位置比较偏。不仅如此，与"星海国宝"相比,"亲亲家园"附近没有海,没有经过开发可以用来游览的山,甚至没有什么旅游景点,只是离旅游意义不大的大西山水库较近,不能享受开门即见风景的豁然开朗的感觉。然而,由于大连市正在修筑经过这里、连接大连周水子国际机场和星海广场的"西部大通道",加上这里原有的红旗中路正是连接市中心和旅顺口的干道,所以在"西部大通道"建成后,这里将形成一个重要的十字路口,东可由黄河路到达辽宁师范大学和大连交通大学两所高校,经过沙河口区商业中心科技谷和全市行政中心大连市政府,直达火车站、胜利广场、青泥洼桥、天津街、友好广场、中山广场一带的全市商业中心;西可由旅顺中路到达旅顺口;北可由"西部大通道"到达大连周水子国际机场;南可由"西部大通道"到达星海广场或由红凌路到达黑石礁大学城(含东北财经大学、大连理工大学、大连海事大学等高校)和大连高新技术产业园区。此地的地理位置在大连人民的经济生活中将显得越来越重要,甚至有可能形成一个新的中央商务区。因此,地理位置这项传统的劣势并未限制"亲亲家园"附近地区的发展,反而将会成为"亲亲家园"新的优势。

第二,看劣势。作为一个企业,肯定有劣势。首先是自身的劣势,然后,看看市场是不是有不利于发展的消息,如果有应该如何应对。例如砌砖,是砖不好,还是和的灰不好,还是瓦工的手艺不行,要进行深入的思考。不然,失败的时候只埋怨天气不好,是没有用的。大风的天气不能砌砖,砌也别砌太高,当心吹倒了。

"星海国宝"作为超高档住宅,其优势是引人注目的,其劣势往往是人们注意不到的。其实"星海国宝"本身的劣势也不少。首先,它的房价过高,一般人承受不起,住到这里成为富人的专利,单凭这点它就已经失去了大部分客户。其次,附近配套设施不全面。虽然小区的物业做得很严格,但是配套便民设施缺乏,不仅是小区内,就连整个星海广场周围都没有一家像样的商店,甚至小卖部。距离最近的大型超市就是和平广场的乐购超市,也有将近 1.8 km 的距离,除非有私家车,否则购置一些生活用品都有一定的困难。也许正因为该小区是面向富人的,认为住户家家有私家车,没有必要设置这些商店。"星海国宝"还有一个很大的劣势,就是它身为"海景住宅"本身,这不是它的优势吗?没错,这确实是它的优势,但同时也是劣势。住在海边的人都知道,近海的房子比较阴暗潮湿,并不是最适合人们居住的。这也正是入住"星海国宝"的住户中大部分是外地人,少有大连本地人的原因。

相比之下,"星海国宝"的这些劣势"亲亲家园"均不具备。"亲亲家园"虽然也是比较高档的住宅小区,但它与"星海国宝"相比简直太便宜了。正因为当初开发时这里地处城乡接合处,因此投资不大却也能建起相对高档的住宅小区。"亲亲家园"的房价是一般收入中等偏上的白领阶层可以承受的。因此不会像"星海国宝"那样失去大部分的客户。"亲亲家园"附近的配套设施比较全面,有幼儿园、小学、中学、健身房、桑拿室、乒乓球室、网吧、阅览室、棋牌室、室外儿童游戏等,应有尽有。300 m 商业街规划了超市、便利店、诊所、银行、书店、面包坊、洗衣店、音像店、电器专卖店、装饰材料店、摄影室、美容美发中心、咖啡店、餐馆等,满足住户的日常生活需求。虽然其中有些服务项目并未得到充分利用,可还算是优于"星海国宝"周边的情况。由于不是"海景住宅",与海有一定距离,这里并不具备阴暗潮湿的缺点,所以在外地人入住的同时,大连本地人也很青睐这里。这些"星海国宝"的劣势可以算作"亲亲家园"的优势。

第三,看机会。机会主要是政府承诺的优惠条件,但仍需要考虑:机会在哪里?最近政府有什么新的政策颁布?优惠条件有哪些?哪些能够兑现?兑现的可能性又如何?在优惠的同时是否会捆绑一些额外的要求?另外,股市的情况如何?有没有新的融资渠道?企业新产品的开发能力如何？又如何将战略决策实施推进下去？说到底，就是有什么机会，又如何把握机会。

"星海国宝"是当时的市长力邀开发商前来开发，政府必然会为其开发提供各种优惠条件。由于星海广场一带原来是垃圾场，在建成星海广场之前没有人会考虑在此处开发房地产。随着星海广场的建成，此处的地价也开始飙升。顺迈集团正是在这个机遇与挑战并存时果断做出开发"星海国宝"的决定。至于以后"星海国宝"还将遇到什么机会，那就需要看将来的实际情况了。

"亲亲家园"抓住了"西拓北进"开发西部城乡接合处的机会，在适合的时间地点做了正确的决定。现在的实际情况证实了当初开发此地的正确性。现在这里已经成为城市建成区的一部分，周边的配套设施已经颇具规模，并且正在修建的"西部大通道"还使这里有成为新的中央商务区的趋势，地价升值潜力无限。当然，将来位于中央商务区的"亲亲家园"还将遇到什么机会，也同样需要时间的检验。

第四，看威胁。企业面临着许多的威胁，哪个是最有威胁的，就应该最担心哪个。政府对企业亲密程度的变化，竞争者在企业背后给你一刀，企业内部出现问题。对于现代企业，生存是最重要的。对于企业，生死是大，失节是小，活下来是最重要的。很多威胁来自于相似类型的竞争项目。然而，这些项目也为开发提供了借鉴，如果能够认真分析同类项目的得失，未尝不能"后发制人"。面临威胁，如何规避与防范，不要等事情到了再想，那时可能就晚了。

自从星海广场有了"星海国宝"之后，相似的许多住宅小区纷纷拔地而起。金玉星海、世纪经典高级会馆、金广建设等开发公司及其房地产项目已经落户星海广场周围，一些已经竣工，另一些的建设也正在火热进行中。这些项目对"星海国宝"形成包围之势，也是潜在的威胁。如何面对这些威胁，是"星海国宝"的开发商顺迈集团和其物业单位应该考虑的问题。

相比起来，"亲亲家园"相对安全，目前其周围并没有实力特别强劲的竞争对手。但是随着"西部大通道"的建成，这一地段将炙手可热，尽管周围基本没有闲置的土地资源，但仍不排除其周围会有崛起新的强劲对手的可能。开发商和物业单位也应该考虑一下对策。

作为一个房地产开发企业，如何在波涛汹涌的房地产世界里生存下来，是个很有意义也是个很沉重的话题，因为已经有太多的辉煌像流星一样，来得快，走得也快。"星海国宝"和"亲亲家园"从开发到目前为止，应该说在各自的道路上前进的都是比较顺利的，也创造了非常可观的辉煌业绩。在瞬息万变的现代社会，"星海国宝"和"亲亲家园"及其开发商和物业单位如何认清形势，认清自己的优势和劣势，抓住每一个机会，看清楚每一个潜在的威胁并积极应对，将成为亟待解决的问题。

子任务 2　编制房地产项目建议书

学习目标

1. 了解房地产项目建议书所处的工作阶段；
2. 了解房地产项目建议书的主要内容；
3. 了解房地产项目建议书的编制要求。

按照任务实施的相关知识与实施内容的要求，学生可采取自由组合为学习小组的方式，利用课上课外时间对工作任务进行分析，并有针对性地提出解决问题的方法和技巧，根据任务分析理清解决问题的思路，填写任务实训表格中的相关内容并编制房地产项目建议书的内容框架。

知识点：

1. 了解房地产项目建议书的概念；

2. 认识房地产项目建议书的作用或目的；

3. 掌握房地产项目建议书的编制要领。

技能点：

1. 能根据实际项目制定房地产项目建议书的提纲和说明；

2. 能编制房地产项目建议书的内容框架。

态度点：

1. 能主动学习，在完成任务过程中发现问题、分析问题和解决问题；

2. 能与小组成员协商、交流配合完成学习任务；

3. 严格遵守安全规范、学习纪律。

2.1 相关知识

房地产项目定义与决策阶段的第二项任务是给出项目的提案或项目建议书。项目提案和项目建议书在作用和内容上基本是相同的，一般国外习惯使用项目提案，我国习惯于使用项目建议书。

一、房地产项目建议书的基本概念

1. 建议书的概念

建议书是用书面的形式把投资机会分析结果给予具体表现。是要求建设某一具体项目的建设性文件。因为投资分析者并不一定是投资决策者，投资分析者需要一种适当有效的方式将投资的建议呈报给决策者，因此，产生了项目建议书。

2. 项目建议书的概念

项目建议书，又称立项申请，是项目建设筹建单位或项目法人，根据国民经济的发展、国家和地方中长期规划、产业政策、生产力布局、国内外市场、所在地的内外部条件，提出的某一具体项目的建议文件，是对拟建项目提出的框架性的总体设想。项目建议书是在项目早期提出的，由于项目条件还不够成熟，仅有规划意见书，对项目的具体建设方案还不清晰，市政、环保、交通等专业咨询意见尚未办理。项目建议书主要论证项目建设的必要性，建设方案和投资估算比较粗略，投资误差为±30％左右。

3. 房地产项目建议书的概念

房地产开发项目建议书是对房地产开发项目提出的一个轮廓设想，主要是从宏观角度来考察房地产项目开发建设的必要性，看其是否符合国家长远规划的方针和要求，同时初步分析开发建设房地产的条件是否具备，是否值得投入人力、物力做进一步的深入研究。这一阶段的工作属于基本建设程序的重要组成部分，并且是第一步骤，虽然这一阶段的工作比较粗糙，对量化的精确度要求不太高，但从定性的角度看，这一步是十分重要的，是从总体上、宏观上对房地产项目做出的选择。

总之，房地产项目建议书是项目建设单位向上级主管部门提交项目申请所必需的文件，也是可行性研究的依据。它从宏观上论述房地产项目设立的必要性和可能性，把房地产项目投资的设想变为概略的投资建议。

二、房地产项目建议书的内容

在房地产项目中，通常一个项目建议书应该包括的内容如下：

1. 项目的目标

在项目建议书中，首先要明确定义房地产项目所要达到的目标。这些目标包括两大类：一类是项目产出物（住宅、别墅等）所要达到的目标要求（如项目产出物的质量、数量等）；另一类是有关项目工作的目标要求（如项目的工期、成本等）。项目提案或项目建议书定义的项目目标要达到具体、可行、能够度量、便于检查和表达简洁等方面的要求。

2. 项目任务和范围

在房地产项目目标确定以后，还需要根据项目目标界定项目的任务和项目的范围，包括阐明和界定出项目要解决的具体问题、要满足的具体需求、项目的主要任务和最终成果的形式与内容，以及实现项目目标所需要开展的主要活动等。项目建议书界定给出的项目任务和范围要达到表述明确、切实必要、有相应的资源保障和有一定的弹性等方面的要求。

3. 项目工作和项目产出物的具体要求

在项目建议书编制中，还需要以项目目标为依据，进一步规定和描述对于项目工作和项目产出物的具体要求。包括具体地给出度量项目工作的任务、绩效、质量、经济效益等方面的指标（如工期、成本和工作质量的度量指标），度量项目产出物的数量、质量、科技水平、经济技术效果等方面的具体指标。项目提案或项目建议书中有关项目工作和项目产出物的具体规定和要求，一般应是切实可行和能够度量的，因为这些是最终检验项目工作和项目产出物的基准。

2.2　实施内容

一、目的

目前，民营企业（私人投资）的房地产项目一般不再需要编写项目建议书，只有在土地一级开发等少数领域，由于行政审批机关习惯沿袭老的审批模式，还要求项目方编写项目建议书；对于外资企业房地产项目，目前主要采用核准方式，项目方委托有资格的机构编写项目申请报告即可。针对以上情况，该项目任务要求利用媒介查阅若干房地产项目建议书，结合身边熟悉的房地产项目，编制一份房地产项目建议书的内容框架。

二、房地产项目建议书的编制要求

房地产项目建议书的编制，应贯彻国家有关基本建设的方针政策和房地产产业等相关行业的法规，并应符合有关技术标准。编制时具体要注意以下几点：

（1）应具有科学性和严肃性。选择及编制房地产项目，一定要认真负责，实事求是，提供的数据要相对可靠，反映的教材要真实可信。

（2）内容要完整、文件资料要齐全、结构要合理、文本要规范，研究分析的深度要达到国家规定的标准。

（3）房地产项目建议书涉及的内容较多，收集资料面较广，有一定的深度要求。因此，《房地产项目建议书》通常委托国家正式批准颁发有资质证书的设计单位或工程咨询公司承担。

2.3 任务实训

工作任务	编制×××房地产项目建议书的内容框架			学时	2
姓　名		学　号	班　级	日　期	

任务描述：根据房地产项目建议书的理论知识，结合房地产项目建议书的编制案例，完成×××房地产项目建议书内容框架的编制。

1. 咨询（课外完成）

（1）×××房地产项目的概况

（2）相关问题

①房地产项目建议书的作用是什么？

②房地产项目建议书的主要内容有哪些？

③阐述房地产项目建议书的写作格式。

2. 决策（课外完成）

制定房地产项目建议书的提纲和说明。

第一部分（章）
第二部分（章）
第三部分（章）
第四部分（章）
……
结论或建议：

3. 计划

进行项目编组，项目小组人员数一般以5～10人为宜。根据老师布置的实训任务与要求核对各组资料准备情况。

4. 实施

（1）编写×××房地产项目建议书的内容框架。

（2）制作PPT进行展示与交流。

5. 检查及评价

考评项目（100分）		自我评估	组长评估	教师评估	备注
素质考评 20	劳动纪律 5				
	积极主动 5				
	协作精神 5				
	贡献大小 5				
实训考评 20					
总结分析 20					
综合评价 40					

一、业主简介

业主单位名称：重庆市城市建设投资有限责任公司。

业主单位简介：重庆市城市建设投资有限责任公司是由重庆市人民政府出资组建的国有独资公司，主要从事城市土地整治储备与开发、组织实施城市基础设施建设、房地产开发等业务。

业主单位地址：重庆市南大街 92 号（工商局六楼）。

二、项目建设的必要性和可行性

（1）必要性

滨江名荟商住楼开发项目建设地块地处新城区中心地段，该项目的建设将有利于提高城市土地使用效益，盘活土地资源，并将带动新城区房地产开发，推动区域社会经济的健康发展，对整个南岸区城市化进程具有十分积极的意义。

（2）可行性

该项目工程费用估算情况见表 1-1，通过对项目全面的技术经济分析，其交通便捷、建设规模适度、建设内容合理、建设方案可行、社会效益明显。

表 1-1　工程费用估算表　　　　　　　　　　　　万元

序　号	费用名称	估算价值	备　注
1	征地征收费用	329	
2	建筑工程	3 263	
3	安装工程	350	
4	供配电工程	150	
5	弱电工程	150	
6	给水系统	150	
7	排水系统	150	
8	火灾报警工程	150	
9	小区道路	30	
10	土石方工程	150	
11	围墙工程	30	
12	绿化工程	80	
13	勘察、设计费、工程建设监理费、建设工程质量监督费、施工图审查费	300	
14	防雷工程设计审核费	5	
15	规划许可执照费	17	
16	水、电、接口费	25	
17	零星税费	100	
18	基本预备费 4%	150	
合计		5 579	

三、项目建设拟选地址、占地面积、拆迁情况

项目建设拟选地址：重庆市南岸区新城 L-F7-1 地块，即位于西城街道办事处龙济居委的布鞋厂片区。

占地面积：23.5 亩。

拆迁情况：已完成征地拆迁。

四、建设内容和规模

建设内容：该项目主要以小高层商住楼为主，建筑面积 125 100 m²，并建设给排水、供电、供气、有线电视、通信、小区道路、绿化等辅助基础设施等。

建设规模：商住楼建筑面积 125 100 m²。

五、项目进度安排

(1)2009 年 12 月 30 日前，完成立项、相关前期手续办理、施工图设计等。

(2)2010 年 1 月 30 日前，完成工程招标。

(3)2010 年 3—4 月，完成基础工程。

(4)2010 年 5—12 月，完成主体工程。

(5)2011 年 1—2 月，完成给排水、供电、供气、有线电视、通信、小区道路、绿化等辅助基础设施建设。

六、项目总投资估算、资金来源和还款来源

本项工程总投资 40 000 万元，其中公司自筹 12 000 万元，商业银行贷款 28 000 万元。还款来源是出售商品房的收益。

七、项目经济效益和社会效益初步估计

本项目为重庆市城市投资有限责任公司 2012 年主要开发工程之一，对于推动区域社会经济的健康发展和新城区建设具有积极的、带动的作用。为了评价本项目的经济效益，根据实际情况，项目采取出售商品房的方式保证收益，按 4 800 元/m² 销售，销售收入为 60 000 万元，有 20 000 万元的收益。

子任务 3 房地产项目可行性分析

学习目标

1. 了解房地产项目可行性分析的含义和作用；
2. 了解房地产项目可行性分析的工作阶段；
3. 了解房地产项目可行性分析的主要内容；
4. 了解房地产市场调查问卷设计的要求。

学习任务

按照任务实施的相关知识与实施内容的要求，学生可采取自由组合为学习小组的方式，利用课上课外时间对工作任务进行分析，并有针对性地提出解决问题的方法和技巧，根据任务分析理清解决问题的思路，填写任务实训表格中的相关内容，参考相关案例，按房地产市场调查问卷设计程序，设计一份房地产市场调查问卷。

知识点：

1. 了解房地产项目可行性分析的步骤；

2. 了解房地产市场调查是项目可行性分析的基础工作；

3. 掌握房地产市场调查问卷设计的技巧。

技能点：

1. 能结合实际项目明确调查问卷设计的内容；

2. 能运用相关知识进行房地产调查问卷的设计。

态度点：

1. 能主动学习，在完成任务的过程中发现问题、分析问题和解决问题；

2. 能与小组成员协商、交流配合完成学习任务；

3. 严格遵守安全规范、学习纪律。

3.1 相关知识

项目管理要求对任何项目都要进行可行性分析，不同项目的可行性分析所要求的分析深度和复杂程度不同，不同国家对于项目可行性分析的要求也有所不同。房地产项目定义与决策阶段的第三项任务是对房地产项目进行可行性分析研究。

一、房地产项目可行性分析的含义、特点及作用

1. 项目可行性分析的含义

一般来讲，可行性分析是以市场供需为立足点，以资源投入为限度，以科学方法为手段，以多项评价指标为结果。它通常要处理两个方面的问题：一方面是要确定项目在技术上能否实施；另一方面是如何才能取得最佳的效益（主要是指经济效益），也就是对项目建成后的经济效益、社会效益、环境效益等进行预测和评价，提出该项目是否应该投资建设以及选择最佳投资建设方案等结论性意见，为项目投资决策提供依据。

2. 房地产项目可行性分析的含义和特点

房地产项目可行性分析是指在投资决策前，对与项目有关的市场、资源、工程技术、经济、社会等方面的问题进行全面的分析、论证和评价，从而判断项目在技术上是否可行、经济上是否合理，并对多个方案进行优选的科学方法。

由此可见，从房地产项目开发的实际情况来看，可行性分析的关键在于投资的回报。其显著的三个特点如下：

（1）前期性。可行性分析是投资决策前的分析研究，它是项目建设前期工作的主要内容。

（2）预测性。可行性分析是对未来拟建设项目的市场需求、投资、成本、盈利以及社会经济效益的预测，而不是对已建成项目实际情况的分析。

（3）不确定性。在分析研究过程中，项目的技术经济性均为不确定因素，是在不确定的条件下进行的预测。

3. 房地产项目可行性分析的作用

房地产项目可行性分析的目的是使决策科学化、程序化、保证决策的可靠性，为项目的实施和控制提供依据或参考。可行性分析具有以下几个方面的作用：

（1）可行性分析是建设项目投资决策和编制设计任务书的依据。决定一个项目是否应该投资，主要依据项目可行性分析所用的定性的、定量的技术经济分析。因此，它是投资决策的主要依据，只有决策后，才能编制设计任务书，才能产生项目决策性的法人文件。

（2）可行性分析是项目审批的依据。在我国，房地产项目要经过政府相关职能部门立项、审批，而立项、审批的依据就是可行性分析报告。

（3）可行性分析是筹集资金的依据。特别是需向银行申请贷款的项目，可行性分析报告是银行在接受贷款项目前进行全面分析、评估、确认能否贷款的依据。

（4）可行性分析是工程项目建设前期准备的依据。包括进行设计、设备订货、合同的洽谈，环保、规划部门确认等，都是依据可行性分析的结果。

（5）可行性分析是开发商与项目参与各方签订合同的依据。开发商在可行性分析确定的项目实施方案框架内，落实项目的各项工作，并与设计、监理、施工、供应、资金融通等单位签订有关合同。因此，可行性分析也是开发商与项目参与各方签订合同的依据。

很长一段时期，很多房地产开发项目未经过可行性分析就草率上马，结果往往因选址不合理、规划过大、外部条件不具备而影响使用；因资源不足而拖延工期，因产品结构不合理而滞销；因市场预测不充分而违约调价。

二、房地产项目可行性分析的工作阶段

可行性分析是一项综合性工作，需要投入一定的时间和费用。根据不同需要，可以一次性完成，也可以分阶段进行。可行性分析是在投资决策前期所做的工作，可分为以下四个工作阶段，每阶段的内容逐步由浅到深。

1. 投资机会分析

投资机会分析的主要任务是对投资项目或投资方向提出建议，即在一定的地区和部门内，以自然资源和市场的调查预测为基础，寻找最有利的投资机会。该阶段分析研究的主要内容有地区情况、经济政策、资源条件、劳动力状况、社会条件、地理环境、国内外市场情况、工程项目建成后对社会的影响等。

投资机会分析相当粗略，主要依靠笼统的估计而不是详细的分析。该阶段投资估算的精确度为±30%，研究费用一般占总投资的0.2%～0.8%。如果机会研究认为可行的，就可以进行下一阶段的工作。

2. 初步可行性分析

初步可行性分析也称预可行性分析，是在机会研究的基础上，进一步对项目建设的可能性与潜在效益进行论证分析。主要解决的问题包括：分析机会研究的结论，在详细资料的基础上做出是否投资的决定；是否有进行详细可行性分析的必要；有哪些关键问题要进行辅助研究。该阶段审查的主要内容有市场需求与供应、建筑材料供应状况、项目所在地的社会经济情况、项目地址及其周围环境、项目规划设计方案、项目进度、项目销售收入与投资估算、项目财务分析等。

初步可行性分析阶段投资估算精度可达±20%，所需费用占总投资的0.25%～1.5%。所谓辅助分析研究，是对投资项目的一个或几个重要方面进行单独分析，用作初步可行性

分析和详细可行性分析的先决条件，或用以支持两项分析。

3. 详细可行性分析

详细可行性分析即通常所说的可行性分析。详细可行性分析是开发建设项目投资决策的基础，是分析项目在技术上、财务上、经济上的可行性后做出投资与否决策的关键步骤。

这一阶段对建设投资估算的精度在±10%，所需费用根据项目的大小不同而有所不同，小型项目占投资的1.0%~3.0%，大型复杂工程占投资的0.2%~1.0%。

4. 项目的评估和决策

项目评估是由决策部门组织或授权于建设银行、投资银行、咨询公司或有关专家，代表国家对上报的建设项目可行性分析报告进行全面审核和再评价的阶段。该阶段是在可行性分析报告的基础上进行的，主要内容包括：全面审核报告中反映的各项情况是否属实；各项指标计算、参数选择是否正确；从企业、国家和社会等方面综合分析和判断项目的经济效益和社会效益，判断项目可行性分析的可靠性、真实性和客观性，对项目做出最终的投资决策。

按照国家有关规定，对于大中型和限额以上的项目及重要的小型项目，必须经有权审批单位委托有资格的咨询评估单位就项目可行性分析报告进行评估论证。未经评估的建设项目，任何单位不准审批，更不准组织建设。

三、房地产项目可行性分析的内容与步骤

1. 房地产项目可行性分析的主要内容

由于开发项目的性质、规划和复杂程度不同，其可行性分析的内容不尽相同、各有侧重。但一般包括项目的必要性分析、实施的可行性分析和技术经济评价。一般房地产开发项目可行性分析的内容主要包括以下几个方面。

(1)项目概况。项目概况主要包括项目的名称、背景、宗旨的基本情况，开发项目的自然、经济、水文地质等基本条件，项目的规模、功能和主要技术经济指标等。

(2)市场分析和需求预测。在深入调查和充分掌握各类资料的基础上，对拟开发项目的市场需求及市场供给状况应进行科学分析、客观预测，包括开发成本、市场售价、销售对象及开发周期、销售期等。

(3)规划设计方案的优选。在对可供选择的规划方案进行比较分析的基础上，优选出最为合理、可行的方案作为最后方案，并对其进行详细描述，包括选定方案的建筑物布局、功能分区、市政基础设施分布、项目的主要技术参数和技术经济指标、控制性规划技术指标等。

①市政规划方案选择。市政规划方案的主要内容包括各种市政设施的布置、来源、去路和走向，大型商业房地产开发项目要重点规划安排好交通组织和共享空间等。

②项目构成及平面布置。

③建筑规划方案选择。建筑规划方案的主要内容包括各单项工程的占地面积、建筑面积、层数、层高、房间布置、各种房间的数量和建筑面积等，并附规划设计方案详图。

(4)开发进度安排。开发进度安排是指对开发进度进行合理的时间安排，一般需要进行分期开发。

①前期开发计划。包括项目从立项、可行性分析、下达规划任务、征地、委托规划设计、取得开工许可证直至完成开工前准备等一系列工作计划。

②工程建设计划。包括各个单项工程的开工和竣工时间、进度安排、市政工程的配套建设计划等。

③建设场地的布置。

④施工队伍的选择。

(5)项目投资估算。项目投资估算即对开发项目所涉及的成本费用进行分析估计。房地产开发项目涉及的成本费用主要有土地费用、期间费用及各种税费等，估算的精度要求不高，但应充分注意各项费用在不同建设期的变化情况，力争与未来事实相符。

(6)资金的筹集方案和筹资成本估算。根据项目的投资估算和投资进度安排，合理估算资金需求量，拟订筹资方案，并对筹资成本进行计算和分析。房地产项目投资额巨大，开发商必须在投资前做好资金的安排，并通过不同方式筹措资金，保证项目的正常运行。

(7)财务评价。财务评价是依据国家现行财税制度、现行价格和有关法规，从项目角度对项目的盈利能力、偿债能力和外汇平衡等项目财务状况进行分析，借以考察项目财务可行性的一种方法，其内容包括项目的销售收入和成本预测，预计损益表、资产负债表、财务现金流量表的编制、债务偿还表、资金来源与运用表的编制，财务评价指标和偿债指标的计算，如财务净现值、财务内部收益率、投资回收期、债务偿还期、资产负债率等。

(8)风险分析。风险分析是可行性研究的一项重要内容，一方面采用盈亏平衡分析、敏感性分析、概率分析等定量分析方法进行风险分析；另一方面结合政治形势、国家方针、经济发展趋势、市场周期、自然等方面因素的可能变化，进行定性风险分析。

(9)国民经济评价。国民经济评价是指从国家整体角度考察项目的效益和费用，是项目经济评价的核心组成部分。运用国民经济分析方法计算项目经济净现值、经济内部收益率等指标，对项目进行国民经济评价。

国民经济评价应与财务评价同时进行，只有财务评价和国民经济评价都可行的项目，才允许建设。当两种评价的结果发生矛盾时，应按国民经济评价的结构考虑项目的取舍。

(10)结论。运用可行性分析的各种指标数据，从技术、经济和财务各方面论述项目的可行性，分析项目可能存在的问题，提出有效的项目建设建议。

2. 房地产项目可行性分析的步骤

(1)筹备。可行性分析开始前的准备工作包括提出项目开发设想、组建研究小组、制定研究计划和工作大纲等。其中，项目研究小组的成员包括了解房地产市场的专家、熟悉房地产开发的工程技术人员、熟悉城市规划及管理的专家，并由熟悉房地产市场、工程技术、经济管理和经营、善于协调工作的专业人员来主持。

(2)调查。可行性分析开始前的调查工作主要从市场调查和资源调查两方面进行。市场调查应查明和预测市场的供给量和需求量、价格、竞争能力等，以便确定项目的经济规模和项目构成。资源调查包括建设地点调查、开发项目用地现状、交通运输条件、外围基础设施、环境保护等方面的调查，为下一步规划方案设计、技术经济分析提供准确的资料。

(3)方案的选择和优化。在收集到的资料和数据的基础上，建立若干可供选择的方案，进行反复比较和论证，会同相关部门采用技术经济分析的方法，评选出合理方案。

(4)财务评价与不确定性分析。对经上述分析后所确定的最佳方案，在估算项目投资、成本、价格、收入的基础上，对方案进行详细的财务评价和不确定性分析，研究论证项目在经济上的合理性和盈利能力，由相关部门提出资金筹措建议和项目实施总进度计划。

(5)编写报告书。经上述分析与评价，即可编写详细的可行性分析报告，推荐一个以上可行性方案和实施计划，提出结论性的意见、措施和建议，供领导决策。

3.2 实施内容

一、目的

当前，在市场经济的投资体制下，市场调查作为房地产项目可行性分析的基础工作，只有关注市场调查，强化市场意识，才是我国房地产企业在日渐激烈的市场竞争中求得生存与发展的唯一选择。房地产市场调查的成功与否，很大程度上取决于调查问卷的设计。针对当地的房地产市场状况，结合实地调查，该项目要求利用媒介查阅若干不同类型的房地产市场调查问卷，设计一份房地产市场调查问卷，为房地产项目可行性分析提供真实的数据。

二、房地产调查问卷设计

房地产问卷调查是调查者根据一定的调查目的要求，按照一定的理论假设设计出来的，由一系列问题、调查项目、备选答案及说明所组成的，向被调查者收集资料的一种工具。调查问卷的设计既要具有科学性又要具有艺术性，设计是否科学、合理，将直接影响问卷的回收率，影响资料的真实性和实用性。

1. 调查问卷的结构

调查问卷一般由开头、正文和结尾三部分组成。

调查问卷的开头主要包括问候语、填表说明和问卷编号。正文一般包括资料收集和被调查者的基本情况两部分。资料收集部分包括调查要了解的问题备选答案，是调查问卷设计的重点。结尾可以设置并放式问题，征询被调查者的意见、感受，或者记录调查情况，也可以是感谢语或者其他补充说明。

2. 调查问卷中问题的分类

问题是调查问卷的核心。设计调查问卷时，必须仔细研究问题的种类。根据问题的内容可以分为事实性问题、行为性问题、动机性问题及态度性问题。

(1) 事实性问题。事实性问题是要求被调查者回答一些事实，其主要目的是获取反映客观实际的资料，如职业、年龄、收入、家庭状况、居住条件等。对这类问题的调查，有助于对被调查者进行分类和统计。

(2) 行为性问题。行为性问题是对被调查者的行为活动进行调查，如"您近期是否打算购置新房？"。

(3) 动机性问题。动机性问题是对被调查者行为的原因或动机进行调查，如"您购买该住房的主要因素是什么？"。

(4) 态度性问题。态度性问题是为了调查被调查者对某一事物的态度、评价、意见等而提出的问题，如"您喜欢精装修住宅吗？"。

调查问卷结构的编排上要先注意行为性问题，再进行动机性、态度性问题，最后进行事实性问题。这是由于行为方面的问题只涉及客观的具体事物，易判断好回答；而动机、态度方面的问题则多需要经过反复比较和思考，有一定难度；事实性问题虽易填写，但容易涉及个人隐私，不宜放在开头，适合放在最后。

3. 调查问卷设计的步骤

调查问卷设计包括十大步骤，即确定所需信息、确定问卷的类型、确定问题的内容、确定问题的类型、确定问题的措辞、确定问题的顺序、问卷的排版和布局、问卷的定稿和问卷的评价等。

(1)两项选择题。两项选择题，也称是非题，是多项选择的一个特例，一般只设两个选项，如"是"与"否"；"有"与"没有"等。例如：

"您了解搜房网吗？"

了解□　不了解□

两项选择题的优点是简单明了；缺点是所获取信息量太小，两种极端的回答类型有时往往难以了解和分析被调查者群体中客观存在的不同态度层次。同时，两项选择题还容易产生大量的测量误差，因为处于两个极端之间的问题完全被排除在考虑之外，而这被排除的部分有时恰好又是关键的部分，这时，测量误差便产生了。

(2)多项选择题。多项选择题是从多个备选答案中择一或择几。这是各种调查问卷中采用最多的一种问题类型。例如：

"您在购置新房时，最先考虑哪种因素？"

价格□　户型设计□　日照时间□　物业服务□　品牌□　其他_____

多项选择题的优点是便于回答，便于编码和统计；缺点是问题提供答案的排列次序可能引起偏见。这种偏见主要表现在以下三个方面：

①对于没有强烈偏好的被调查者而言，选择第一个答案的可能性大大高于选择其他答案的可能性。解决问题的方法是打乱排列次序，制作多份调查问卷同时进行调查，但这样的结果是加大了制作成本。

②如果被选答案均为数字，没有明显态度的人往往选择中间的数字而不是偏向两端的数字。

③对于 A、B、C 字母编号而言，不知道如何回答的人往往选择 A，因为 A 往往与高质量、好等特性相关联。解决办法是改用其他字母，如 L、M、N 等进行编号，或者直接不写字母。

(3)填入式问题。填入式问题一般针对只有唯一答案的问题。对于答案不固定的问题，则只能设计成开放式问题。例如：

"您工作多长时间了？"_____　（未工作填"0"；不足 1 年填"1"。）

填入式问题一般简便、易答，多数情况下是用来填写数字答案的。

(4)顺位式问题。顺位式问题，又称序列式问题，是在多项选择的基础上，要求被调查者对询问的问题答案，按自己认为的重要程度和喜欢程度顺位排列。例如：

"请您按您选择物业时考虑的主次顺序，以 1、2、3、4、5 为序填在下列□内。"

价格□　　质量□　　绿化率□　　使用率□　　基础设施配套□

调查者进行统计时，将每种问题答案所得分数进行平均，就得出该答案在消费者心中的一个总的印象。这种方式也可采取让被调查者打分的形式，如采用 100 分制，也可用 10 分制或者 2 分制，最后通过分数高低的比较，即可权衡该答案在消费者心中的地位。

(5)态度评比测量题。问卷调查中经常碰到这样一类题，要求测量被调查者对某种商品的态度，例如，您满意不满意长城物业的服务？您觉得公共设施配套对物业产品而言重要不重要？等。这类问题表面上看似乎很容易回答，如回答满意、不满意或重要、不重要，但这实际上只代表两种极端的态度，可能对更多的人而言，其态度层次介于二者之间，因此，进行态度评比测量非常重要。

态度评比测量题是将消费者态度分为多个层次进行测量，其目的在于尽可能多地了解和分析被调查者群体客观存在的态度。例如：

"您满意不满意长城物业的服务？"

-2	-1	0	1	2
不满意	不太满意	一般	比较满意	很满意

两个极端之间设计多少个层次，设计者可以根据实际情况和需要而定，5个、7个、9个、11个……都可以，但有一条必须把握，即两个极端之间应该设计一个中性层次。中性层次左右两端的层次最好相等，如果不等，就会暴露设计者的倾向，导致测量误差。如上例，假如只设计四个层次，"不太满意、一般、比较满意、很满意"，实际上表明了设计者自身的偏好，满意的态度多于不喜欢的态度，导致的结果可能使持不满意的被调查者感到茫然，无从下手，这便是问卷设计不成功的一个表现。

(6)矩阵式问题。矩阵式问题是将若干同类问题及几组答案集中在一起排列成一个矩阵，由被调查者按照题目要求选择答案。矩阵式问题可以采取表格式矩阵，也可以采取非表格式矩阵形式。例如：

"您认为下列现象在你们企业中是否严重？"请在相应的空格内打"√"。

	很严重	比较严重	不太严重	不严重	不知道
A. 迟到	（ ）	（ ）	（ ）	（ ）	（ ）
B. 早退	（ ）	（ ）	（ ）	（ ）	（ ）
C. 请假	（ ）	（ ）	（ ）	（ ）	（ ）
D. 旷工	（ ）	（ ）	（ ）	（ ）	（ ）

矩阵式问题的优点是节省问卷篇幅，而且同类问题集中排列，回答方式相同，也节省了阅读填写时间。但是，这种集中排列方式比分开排列复杂，容易使被调查者产生厌烦情绪，因此一份问卷中，这种形式的问题不宜采用太多。

(7)比较式问题。比较式问题是将若干可比较的事物整理成两两对比的形式，由被调查者进行比较后选择，这种问题在竞争者分析中应用较多，便于较快获得有针对性的具体资料。例如：

"请比较下列每一组不同序号的物业，如果从配套设施方面考虑，哪一个更好呢？"

每组中只选一个打"√"。

A. 协信城立方□　　旭阳台北城□
B. 隆鑫天雨方□　　协信城立方□
C. 旭阳台北城□　　隆鑫天雨方□

(8)混合型问题。混合型问题又称半开放半封闭式问题，是一种介于开放式问题和封闭式问题之间的问题设计方式，即在一个问题中，只给出一部分答案，被调查者从中挑选，另一部分答案则不给出，要求被调查者根据自身实际情况自由作答。例如：

"您认为企业竞争力研究对本企业意义如何？能否简单谈谈您的看法？"

十分必要□　　　必要□　　　不太必要□　　　没必要□

理由：_____

半开放半封闭式问题应用较少，因为很多场合下，可以将它一分为二，即可以将其分为一个开放式问答题和一个多项选择题，丝毫不影响调查效果。

3.3 任务实训

工作任务	设计一份房地产市场调查问卷		学时	2
姓　名	学　号	班　级	日　期	

任务描述：房地产市场调查是房地产项目可行性分析的基础性工作，而房地产市场调查的成功与否，很大程度上取决于调查问卷的设计。针对当地的房地产市场状况，根据房地产市场调查的理论知识，结合实地调查，该项目任务要求利用媒介查阅，若干不同类型的房地产市场调查问卷，设计一份房地产市场调查问卷。

1. 咨询（课外完成）

(1)某区域房地产市场需求、供给、营销活动等的现状分析

(2)相关问题

①房地产市场调查问卷设计的目的以及与项目可行性分析的关系是什么？

②房地产市场调查问卷设计程序包括哪些？

③房地产市场调查问卷答案的设计技巧是什么？

2. 决策（课外完成）

根据房地产市场调查的目的、对象、资料分析和解释的种类不同，可以将房地产市场调查问卷分为宏观数据调查问卷、项目调查问卷、客户需求调查问卷和产品需求调查问卷四种类型。结合实际调查项目，策划编制其中一种类型的房地产市场调查问卷版式。

开头（调查说明信部分）
正文（指导语部分，即填表说明）
(1)请在每一题后所给的备选答案中选择符合您的情况或您同意的答案，并在所选取答案前的□内打"√"，或在问题的＿＿＿＿＿＿＿＿处填写适当的内容。 (2)若无特殊说明，每一问题只能选择一个答案；若要选多项答案，题目后应有注明；若还要求对所选多项答案排序，则请按题后说明填写。 (3)问卷内容较多，涉及面广，请在填答前认真阅读一遍，然后按要求仔细填写。
正文（问题及回答方式、编码）
结束语（表示感谢、征询被调查者的看法和感受）
建议：

3. 计划

进行项目编组，项目小组人员数一般以 5～10 人为宜。根据老师布置的实训任务与要求核对各组资料准备情况。

4. 实施

(1)设计一份房地产市场调查问卷。

(2)制作 PPT 或 Word 文档进行展示与交流。

5. 检查及评价

考评项目（100 分）		自我评估	组长评估	教师评估	备注
素质考评 20	劳动纪律 5				
	积极主动 5				
	协作精神 5				
	贡献大小 5				
实训考评 20					
总结分析 20					
综合评价 40					

请根据所学知识修改下面调查问卷中的不足之处。

尊敬的先生/女士：

您好！

我是一名专属市场调查员，为了反映广大业主的住房需求，引导行业健康发展，中国房地产指数系统开展了中国住房消费调查。您的意见对于我们的研究工作很重要，请您根据自身情况填写问卷的问题。调查资料所涉及您的个人资料我们将完全保密（凡是按要求填写的均可参加抽奖，本次活动将抽出十名幸运者并赠送精美礼品一份）。

1. 您的年龄：

_____22 岁以下　　_____23～30 岁　　　_____30～40 岁　　　_____41～50 岁

_____51～60 岁　　_____60 岁以上

2. 您的学历：

_____高中及以下　　_____大专　　　_____本科　　_____硕士及以上

3. 您的家庭收入：

_____3 万以下　　_____3 万～5 万　　　_____5 万～8 万　　_____8 万～10 万

_____10 万～20 万　　_____20 万以上

4. 请如实填写您个人资料以便获奖后及时通知您：

(1) 姓名：_____　　　(2) 电话：_____（格式：区号—号码）

(3) 性别：_____　　　(4) 身份证号码：_____

5. 您或家人是否已经在北京购买过商品房？_____是　　_____否

6. 您或家人所购买商品房的名称是：_____

您对该项目的满意程度如何？

_____非常满意　　_____比较满意　　_____一般　　_____不太满意　　_____非常不满意

7. 您对该项目的哪些方面最为满意？（可多选）

_____工程质量　　_____物业管理　　_____小区环境　　_____社区配套　　_____交通出行　　_____其他（请注明）

8. 您对该项目的哪些方面最不满意？（可多选）

_____工程质量　　_____物业管理　　_____小区环境　　_____社区配套　　_____交通出行　　_____其他（请注明）

9. 如果您的亲戚朋友需要购房，您向他们推荐该开发商开发的其他楼盘的可能性有多大？

_____非常大　　_____比较大　　_____一般　　_____比较小　　_____非常小

10. 您在两年内是否有购房计划？_____是　　_____否

11. 您购房的主要目的是什么？

_____自己居住　　_____给家人住　　_____用于出租　　_____转手套利　　_____其他（请注明）

12. 如果您购买商品房，你会选择哪个区域？（可多选）

_____东城　　_____西城　　_____宣武　　_____崇文　　_____朝阳　　_____丰台

_____海淀　　_____石景山　　_____大兴　　_____通州

13. 您购房时主要考虑哪些因素？_____首先　　_____其次　　_____第三

14. 如果您购买商品房，会选择几居室？

_____一居　　_____二居　　_____三居　　_____四居　　_____复式　　_____其他（请注明）

15. 如果您购买商品房，会选择哪种价位（元/m^2）？

_____4 000 以下　　_____4 000～6 000　　_____6 000～8 000　　_____10 000 以上

16. 您的亲朋好友曾经向您推荐过哪些楼盘？（请列举）

（1）_____　　（2）_____　　（3）_____

17. 您目前正在关注哪些楼盘？（请列举）

（1）_____　　（2）_____　　（3）_____

18. 您最有意向购买的是哪个楼盘？（请列举）

（1）_____　　（2）_____　　（3）_____

19. 您最愿意向亲朋好友推荐哪些楼盘？（请列举）

（1）_____　　（2）_____　　（3）_____

20. 您认为哪些开发商最值得信赖？（请列举）

（1）_____　　（2）_____　　（3）_____

【问题】

1. 问卷初稿的设计是否符合调研目的？

2. 问卷的版式、内容、语句等方面还有哪些需要进一步修改？

任务 2   房地产项目设计与计划

子任务 1   房地产项目规划设计

学习目标

1. 了解房地产项目规划设计的基本概念；
2. 了解房地产项目规划设计的内容；
3. 了解房地产项目规划与建筑设计的成果要求。

学习任务

按照任务实施的相关知识与实施内容的要求，学生可采取自由组合为学习小组的方式，利用课上课外时间对工作任务进行分析，并有针对性地提出解决问题的方法和技巧，根据任务分析理清解决问题的思路，填写任务实训表格中的相关内容并编制房地产项目的建筑方案流程设计图。

任务分析

知识点：

1. 了解房地产项目中方案设计在规划设计阶段的作用；
2. 了解房地产项目规划与建设设计阶段的任务与要点；
3. 掌握房地产项目的建筑方案设计过程。

技能点：

1. 能根据房地产项目的建筑方案设计案例，对房地产项目的建筑方案设计及管理进行分析；
2. 能编制房地产项目的建筑方案流程设计图。

态度点：

1. 能主动学习，在完成任务过程中发现问题、分析问题和解决问题；
2. 能与小组成员协商、交流配合完成学习任务；
3. 严格遵守安全规范、学习纪律。

任务实施

1.1 相关知识

一个房地产项目成功的关键，取决于房地产项目的方案设计和初步设计。作为开发企业和设计单位，在方案设计和初步设计阶段，如何将规划设计条件、建筑使用功能、实际地貌、景观布局等诸多因素合理地结合在一起，从而降低开发成本，缩短开发周期，提高设计方案的合理性、独特性，最终形成一套完整的规划设计方案，是本项目任务所要描述的内容。

一、房地产项目规划设计的概念与内容

通过完整科学的房地产项目可行性研究分析，可以明确市场定位，从而进入房地产产品设计阶段。目前，消费者对房地产产品的建筑规划和单体设计要求越来越理性，项目规划设计应体现"以人为本"的思想。

1. 房地产项目规划设计的概念

规划设计是按国家规划法规来实施宏观控制，包括国家规划、区域性规划、项目小区详规等。例如，项目详规的主要内容是确定界限范围，区内道路交通、管线、能源、平面结构、竖向布置等及它们与国家规划、区域性规划的对接。

房地产项目规划设计是指在项目定位的基础上，以满足目标市场的需求为出发点，对其进行较具体的规划及总体上的设计，使其功能、风格符合其定位。包括风水对城市化问题的技术性解决、城市各功能系统的合理调整、城市形态与景观环境的塑造、人居环境可持续发展等方面的内容。

2. 房地产项目规划设计的内容

(1)总体规划。房地产项目总体规划是指对一个项目的整体、统一、和谐的分配和规划，并不针对项目中单一的小项目，而是从项目整体的角度来进行规划。具体内容包括以下几项：

①项目地块概述、项目所属区域现状、项目临界四周状况、项目地貌状况。

②项目地块情况分析、初步规划及设想、影响项目总体规划的不可变的经济技术因素、土地 SWOT 分析，在总体规划上的利用或规避、市场定位下的主要经济指标参数。

③建筑空间布局、总体平面规划及其说明、功能分区示意及说明。

④道路系统布局、地块周边交通环境示意。

⑤绿化系统布局、地块周边景观环境示意。

⑥公建与配套系统、周边市政配套设施调查、配套功能配置及安排、公共建筑外立面设计提示。

⑦分期开发、分期开发思路、首期开发思路。

⑧分组团开发强度。

(2)建筑风格定位与色彩计划。项目建筑风格定位与色彩计划的具体内容包括以下几项：

①项目总体建筑风格及色彩计划，总体建筑风格的构思、建筑色彩计划。

②建筑单体外立面设计提示、商品住宅房外立面设计提示。

(3)主力户型选择。主力户型选择的具体内容包括以下几项：

①当地同类楼盘户型比较。

②业态分析及项目户型配置比例。

③主力户型设计提示。

④商业物业户型设计提示。

(4)室内空间布局装修概念提示。室内空间布局装修概念提示的具体内容包括以下几项：

①室内空间布局提示。

②公共空间主题。

③庭院景观提示。

(5)环境规划及艺术风格提示。环境规划及艺术风格提示的具体内容包括以下几项：

①周边环境调查和分析。

②总体环境规划及艺术风格构想、地块已有的自然环境利用、项目人文环境的营造。

③各组团环境概念设计、组团内绿化及园艺设计、组团内共享空间设计、组团内雕塑小品设计提示、组团内椅凳造型设计提示、组团内宣传专栏、导视系统位置设定提示。

④公共建筑外面环境概念设计、主入口环境概念设计、营销中心外部环境概念设计、营销示范中心沿途可营造环境概念设计、针对本项目的其他公共环境概念设计。

(6)公共家具概念设计提示。公共家具概念设计提示的具体内容包括以下几项：

①周边同类楼盘公共家具摆设。

②公共家具概念设计提示。

(7)公共装饰材料选择指导。公共装饰材料选择指导的具体内容包括以下几项：

①周边同类楼盘公共装饰材料比较。

②公共装饰材料选择指导及装修风格构思。

③营销示范单位装修概念设计。

④住宅装修标准提示。

(8)灯光设计及背景音乐指导。灯光设计及背景音乐指导的具体内容包括以下几项：

①灯光设计、公共建筑外立面灯光设计、公共绿化绿地灯光设计、道路系统灯光设计、室内灯光灯饰设计。

②背景音乐指导、广场音乐布置、室内背景音乐布置。

(9)小区未来生活方式的指导。小区未来生活方式的指导的具体内容包括以下几项：

①建筑规划组团评价。

②营造和引导未来生活方式、住户特征描述、社区文化规划与设计。

二、房地产项目规划与建筑设计阶段

根据房地产项目的复杂程度和设计深度，房地产项目规划与建筑设计阶段一般可分为方案设计、初步设计和施工图设计三个阶段。对于技术要求简单的建筑工程，经有关主管部门同意，合同中有不做初步设计的约定，可在方案设计审批后直接进入施工图设计，即二段式(方案设计、施工图设计)和三段式(方案设计、初步设计、施工图设计)。

1. 方案设计阶段

方案设计是建筑设计的第一个环节，它是一项复杂的创作过程，是从无到有、思想从混沌到清晰的一个过程，也是一个方案从最初的构思、立意到最后表达为图纸的过程。

如果说规划设计是按国家规划法规来实施宏观控制，那方案设计就是在规划控制下对单体或建筑群(小区)的具体安排。在总平面图上示意出具体的(符合规划的)指标，如单体的摆布、标高、朝向、高度、绿化面积率、容积率等以及主要单体的平面、立面、剖面图(各图上应该标注的都应齐全)。

(1)任务与要求。方案设计阶段的主要任务是提出设计方案,即根据设计任务书的要求和收集到的必要基础资料,结合基地环境,综合考虑技术经济条件和建筑艺术的要求,对建筑总体布置、空间组合进行可能与合理的安排,提出两个或多个方案供建设单位选择。

(2)方案设计的图纸和文件。

①设计从总体上说明设计指导思想及主要依据,设计意图及方案特点,建筑结构方案及构造特点,建筑材料及装修标准,主要技术经济指标以及结构、设备等系统。

②建筑总平面图比例为1∶500、1∶1 000,应表示用地范围,建筑物位置、大小、层数及设计标高,道路及绿化布置,技术经济指标。地形复杂时,应表示粗略的竖向设计意图。

③各层平面图、剖面图、立面图比例为1∶100、1∶200,应表示建筑物各主要控制尺寸,如总尺寸、开间、进深、层高等,同时应表示标高,门窗位置,室内固定设备及有特殊要求的厅、室的具体布置,立面处理,结构方案及材料选用等。

④工程概算书建筑物投资估算,主要材料用量及单位消耗量。

⑤透视图、鸟瞰图或制作模型。

2. 初步设计阶段(技术设计)

建筑方案确定后,便可进行初步设计。初步设计是指在方案设计基础上的进一步设计,但设计深度还未达到施工图的要求,小型工程可能不必经过这个阶段直接进入施工图设计。

(1)任务与要求。初步设计阶段的主要任务和要求是在方案设计的基础上进行更深入的设计。同时在初步设计时,需对方案中的结构布置、水、暖、电等方面进行较详细的考虑和研究,协调各专业技术的矛盾,为各专业编制施工图打下基础。

(2)初步设计的图纸和文件。初步设计文件应由有相应资质的设计单位提供,若为多家设计单位联合设计的,应由总包设计单位负责汇总设计资料。一般包括设计说明书、设计图纸、主要设备材料表和工程概算四部分。

①位置、大小、层数、朝向、设计标高,道路及绿化布置以及经济技术指标,地形复杂时,应标示粗略的竖向设计意图。

②各层平面及主要剖面、立面常用的比例是1∶100或1∶200,应标出建筑物的总尺寸、开间、进深、层高等各主要控制尺寸,同时要标出门窗位置,各层标高,部分室内家具和设备的布置、立面处理等。

③说明书。设计方案的主要意图及优缺点,主要结构方案及构造特点,建筑材料及装修标准,主要技术经济指标等。

④工程概算书。建筑物投资估算,主要材料用量及单位消耗量。

大型民用建筑及其他重要工程,必要时可绘制透视图、鸟瞰图或制作模型。

3. 施工图设计阶段

施工图设计是根据已批准的初步设计或设计方案而编制的可供进行施工和安装的设计文件。这一阶段主要通过图纸,把设计者的意图和全部设计结果表达出来,作为施工制作的依据,它是设计和施工工作的桥梁。

(1)任务与要求。施工图设计阶段的主要任务是满足施工要求,即在初步设计或技术设计的基础上,综合建筑、结构、设备各工种,相互交底、核实核对,深入了解材料供应、施工技术、设备等条件,把满足工程施工的各项具体要求反映在图纸中,做到整套图纸齐全统一,明确无误。

(2)施工图设计的图纸及设计文件。

①建筑总平面。常用比例为1∶500、1∶1 000、1∶2 000，应详细标明基地上建筑物、道路、设施等所在位置的尺寸、标高，并附说明。

②各层建筑平面、各个立面及必要的剖面常用比例1∶100、1∶200。除表达初步设计或技术设计内容外，还应详细标出墙段、门窗洞口及一些细部尺寸、详细索引符号等。

③建筑构造节点详图。根据需要可采用1∶1、1∶2、1∶5、1∶20等比例尺。主要包括檐口、墙身和各构件的连接点，楼梯、门窗以及各部分的装饰大样等。

④各工种相应配套的施工图纸。如基础平面图和基础详图，楼板及屋顶平面图和详图，结构构造节点详图等结构施工图，给排水、电器照明以及暖气或空气调节等设备施工图。

⑤建筑、结构及设备等的说明书。

⑥结构及设备设计的计算书。

⑦工程预算书。

综上所述，方案设计主要是指规划方案设计，是在熟悉设计任务书、明确设计要求的前提下，综合考虑建筑功能、空间、造型、环境、结构、材料等问题，做出较为合理的方案的过程，也是用来办理建设工程用地规划许可证的前提条件。初步设计是在方案设计的基础上，进一步深入推敲、深入研究、完善方案，并初步考虑结构布置、设备系统及工程概预算的过程，也是办理建设工程规划许可证的前提条件。施工图设计是绘制满足施工要求的建筑、结构、设备专业的全套图纸，并应编制工程说明书、结构计算书及设计预算书，也是办理施工许可证的前提条件。

三、房地产项目规划与建筑设计成果要求

1. 设计成果要求

房地产项目规划与建筑设计各阶段的设计成果要求应按以下原则进行：

(1)方案设计文件，应满足编制初步设计文件的需要。

(2)初步设计文件，应满足编制施工图设计文件的需要。

(3)施工图设计文件，应满足设备材料采购、非标设备制作和施工的需要。对于将项目分别发包给几个设计单位或实施设计分包的情况，设计文件相互关联处的深度应当满足各承包或分包单位设计的需要。

2. 设计文件的编排顺序

(1)封面。写明项目名称、编制单位、编制年月。

(2)扉页。写明编制单位法定代表人、技术总负责人、项目总负责人的姓名，并经上述人员签署或授权盖章。

(3)设计文件目录。

(4)设计说明书。

(5)设计图纸。

1.2 实施内容

一、目的

房地产项目规划与建筑设计是一门综合性的学科，是实用性、经济性、艺术性的整体综合。建筑的方案设计实质上就是解决使用方便、空间有序、结构合理、形象优美、造价

经济等多方面的问题。方案设计是整个设计工作的开端，是基于红线地形图基础上的创意设计。在设计过程中，需要大量的理论分析、资料收集整理及各单位之间的沟通协调工作，将空间环境、道路交通、水文地质、风向日照、生态植被、生活习惯以及业主的要求、规划条件和各专业的技术要求进行整合，确定建筑的总平面、立面、剖面以及场地的设计，是建筑设计的灵魂。

方案设计阶段在建筑设计的过程中起着决定性的作用，无论是从文化层次还是其经济性和市场，以及从设计阶段的角度进行分析，其重要程度均不可忽视。该项目任务要求根据文中所阐述的房地产项目规划与建筑设计理论知识，采取不同途径查阅有关房地产项目的建筑方案设计案例，完成房地产项目的建筑方案流程设计。

二、房地产项目建筑方案设计过程

房地产项目建筑方案设计从提出方案到修改方案、确定方案结束、方案设计全过程需经过以下几个主要阶段。

1. 了解设计要求，分析设计条件

项目开始后，设计人员一般先要了解项目的基本要求，并对建设用地地段的地形地貌特征形成认知。设计人员进行两部分的设计思维，一方面阅读设计任务书，进行设计的理性思维；另一方面开始立意构思，进行设计的感性思维。

2. 参观调研及查阅资料

对设计任务及场地有了初步了解之后，设计者通常要参观调研相同类型的建筑实物，并查阅有关文献资料。通过对同类型建筑及资料的参观学习为设计立意做积极的准备，同时也是为新的设计有所突破，有所创新创造必要条件。

3. 立意构思

从接触项目起，设计方案的立意构思就已开始，不过这时对项目的了解还处于原始状态，设计构思也必然朦朦胧胧。通过调研及查阅资料，对同类建筑有了一定知识积累；这时，立意构思就有了一定根据，一旦形成设计构想，便以意念简图的形式记录下来。

4. 草图意向

在立意构思阶段，设计者还处在思考状态，只有一些意念简图。意向草图可能只画部分关键性的图纸，如平面、立面，也可能是剖面、透视。意向草图记录了功能与立意相结合的探索过程，并且使设计意向从模糊到清晰。

5. 按比例绘制部分控制性方案草图

有了清晰的设计意向，应着手绘制控制性设计草图。控制性草图一般只要几个重要图面，如标准层平面图、局部透视图或剖面图。这些草图应按比例绘制，应考虑与地形的结合，房屋面积、开间进深、楼梯、门、窗的位置等，目的在于进行设计定型。有了这些控制性草图，该设计方案的功能安排、建筑造型、空间组织、环境关系等问题就得到了基本解决，设计方案就有了雏形。

6. 正式方案草图

正式方案草图阶段是在上一步骤的几个控制性设计草图基础上，全方位、更深一步地对方案的推敲、修改，并对全套方案图纸进行集中表现。

7. 多方案比较，深入设计及表现、方案交流及定案

设计方案的确定往往要经过多方案的比较选择，上述过程仅仅完成了一个方案的设计。

经过上述过程进行多个方案的设计后，经过讨论比较，最终确定一个方案深入设计；或者将几个方案综合起来形成一个新的方案深入设计，最终完成用于汇报的方案。

这一阶段的方案表现手法往往比上一阶段的方案更加正式，不仅按比例准确地用尺规或计算机绘图，而且可能用较精确的手法绘制透视图，并制作模型。

三、房地产项目建筑方案设计的原则与注意事项

1. 房地产项目建筑方案设计的原则

房地产项目建筑方案设计要充分体现建筑方案创作的先进性、独创性，应与环境结合，造型新颖，方案表达清晰，文本制作精美。建筑方案设计应遵循的技术经济原则如下。

(1)严格执行国家设计规范。

(2)执行国家相关的建设标准。

(3)符合城市总体规划要求，满足规划部门的规划设计要点(用地性质、容积率、覆盖率、规划规模、高度限制、机动车非机动车停车规模、建筑退红线要求等)。

(4)合理利用土地。

(5)确保满足功能使用要求，对城市景观、居住环境、邻里空间，商业价值、节约用地要认真深入细致研究，做到设计思路清楚，规划布局合理，方便生活和工作。

(6)正确处理使用、辅助、交通三大部分关系，对建筑空间进行合理组合，优化设计。

(7)建筑规模总体把握，天际线的合理设计；建筑形态把握，建筑类型分布的合理性；建筑间距的控制；小区气候条件的利用、改造等(日照、夏季主导风向等)。

(8)考虑节能要求，建筑单体平面应控制建筑的体型系数，建筑单体立面设计应考虑工程造价和施工难度。

(9)满足卫生、防水、日照、通风和安全疏散要求。

(10)建筑细节的设计。以住宅户内设计为例，具体建筑细节设计内容如下：

①户门、房间门窗设置的合理性，需关注是否影响家具摆放，是否可以满足顺畅的流线，房间内是否能保证充足阳光。

②厨房、卫生间的布置，需满足相关的尺度规定，摆放是否合理，使用是否方便。上下水管及燃气管道的合理位置，通风是否良好，是否能保证足够的隐私性。

③室外空调机位置。

④雨水管、污水管、冷凝水管的合理组织。

⑤对不同房间的家具的合理摆放，需满足相关的尺度要求，舒适程度。

⑥避免对视，避免风水中的禁忌等。

(11)正确选择设备标准。

(12)正确选择结构形式和建筑材料，降低工程造价，缩短建设周期，提高工程质量。

2. 房地产项目建筑方案设计的注意事项

(1)明确相关设计的规范，考虑对总体规划和单体设计的约束。

(2)根据设计任务书明确建筑的定位，把握大的设计方向。

(3)将建筑用地根据不同情况分类，明确优势劣势。

(4)根据规划要点及设计任务书测算建筑规模，可能形成几种模式，优化方案方向。

(5)根据房地产开发企业的进度要求及工作量拟定工作时间表。

(6)收集和整理相关的参考资料。

1.3 任务实训

工作任务	编制房地产项目的建筑方案流程设计		学时	4
姓　名		学　号		班　级		日　期	

任务描述：根据房地产项目规划与建设设计的理论知识和相关资料的准备，结合不同房地产项目规划与建筑方案设计案例，完成房地产项目的建筑方案流程设计任务。

1. 咨询（课外完成）

(1)查阅房地产项目建筑方案设计案例，收集任务的相关资料。

(2)相关问题

①建筑方案设计在房地产项目的建筑设计过程中的作用是什么？

②建筑方案设计前准备工作有哪些？

③简述方案设计阶段的主要工作内容。

2. 决策（课内完成）

拟定房地产项目建筑方案设计过程的提纲。

步骤	建筑方案设计提纲
第 1 步	
第 2 步	
第 3 步	
……	
结论：	

3. 计划

进行项目编组，项目小组人员数一般以 5～10 人为宜。根据老师布置的实训任务与要求核对各组资料准备情况。

4. 实施

(1)绘制房地产项目的建筑方案设计流程图。

(2)制作 PPT 进行展示与交流。

5. 检查及评价

考评项目（100 分）		自我评估	组长评估	教师评估	备注
素质考评 20	劳动纪律 5				
	积极主动 5				
	协作精神 5				
	贡献大小 5				
实训考评 20					
总结分析 20					
综合评价 40					

相关案例 2-1　某房地产项目的建筑方案设计案例

【背景材料】

某回族自治区计划建设政府办公楼，委托某设计单位进行建筑方案设计，设计任务书如下。

某回族自治区计划建设政府办公楼设计任务书

某回族自治区现有办公楼旧损程度严重，拟拆除旧楼，重建区政府综合办公新楼。

新楼建设用地仍选址于现政府大院内，政府中间是规划的绿化广场，南北长 340 m，东西宽 180 m，地势平坦，新建办公楼位于绿化广场正中，图 2-1 所示为办公楼建设用地地段图。

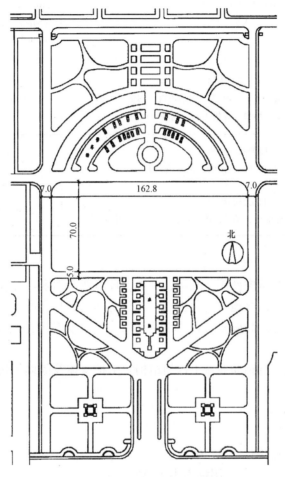

图 2-1　办公楼建设用地地段图

一、新楼部门情况要求

新楼部门组成及房间建筑面积要求，见表 2-1。

表 2-1　新楼部门组成及房间建筑面积要求

房间名称	面　积	备　注
办公用房	7 038 m²	
正省级干部办公室	54 m²/人×1 人	共有 17 个厅局；
副省级干部办公室	36 m²/人×7 人	办公室每间可按
厅级干部办公室	18 m²/人×17 人	18 m²/间设计
副厅级干部办公室	18 m²/人×51 人	
处级以及处以下级干部办公室	6 m²/人×918 人	

房间名称	面 积	备 注
会议室 200人会议室 100人常务会议室 50人会议室 贵宾接待室	2 400 m² 480 m²/个×1个 240 m²/个×2个 120 m²/个×12个 200 m²/间×2个	
办公辅助用房 文印、档案、机要、收发、值班、传达、图书资料、阅览、电信、广播、中央控制、小型计算机中心、储藏等用房	2 000 m²	
后勤服务用房 男女厕所、开水间、清洁间、保健用房等	1 400 m²	
通用设备机房 变配电室、水泵房、电梯机房、消防设施用房、水箱间、检修室等	1 000 m²	

二、设计要求

(1)建筑设计应综合考虑使用、经济、美观、环境四个因素,力求造型美观大方。

(2)设计立意应考虑结合地方文化特点,并具有鲜明的时代性。

(3)建筑设计应考虑总高度60 m,标准层高3.4 m,会议室层高根据空间可能,适当增高,设楼梯及电梯。

(4)结构形式采用现浇钢筋混凝土框架结构,围护墙体及隔墙采用加气混凝土块,地震设防烈度按8度考虑。

三、设计成果要求

总平面图规划布置图　　　1/1 000

办公楼平、立、剖面图　　1/200

透视效果图　　　　　　　图幅不小于A2

【建筑设计单位方案设计过程】

一、了解设计要求

建筑师通过与业主交谈,查勘地形,了解工程概貌及基本要求。

自治区政府办公大楼位于现政府大院内340 m×180 m的绿化广场中央;办公楼以办公室为主,并附设办公辅助用房;建筑面积约3万m²,层数为15~16层;建筑要求造型简洁,能够体现地区特性并且经济。

二、立意构思

(1)建设用地位于回族自治区,区内回汉民族人数各占一定比例,建筑设计手法表现地方文化特征,即应选择合适的设计手法表现伊斯兰文化及汉族文化内涵。

(2)建设时间处于20世纪,建筑涉及领域有浓厚的复古怀旧思潮,建筑师决意反其道而行之,建筑造型力求简洁、明快、纯净,以表现面向21世纪的时代特征。

(3)由于建筑位于绿地广场正中,建筑设计应与具有纪念性质的绿化广场环境相协调,充分表现建筑的纪念性；同时，区政府办公室是区内重要的政治性公共建筑，应具有庄重、端庄的性格，以取得公众对政府办公楼形象的认同。

凭着平常对建筑形象及知识的积累，以及对参考资料的消化吸收，经过创造性思维，该建筑师将以上意念进行形象化创造，绘出意念简图(图2-2)。

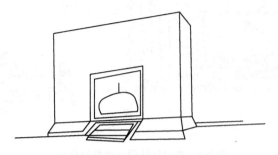

图2-2　办公楼快速设计意念简图

三、阅读任务书，分析设计条件

意念简图是在对项目情况初步了解的基础上对设计意图粗线条的勾画。为了深入展开方案设计，建筑师转向阅读任务书，以便准确的理解使用功能要求及规划设计条件。

在仔细阅读任务书的同时，画出办公楼内部功能关系图(图2-3)，并列出对设计有影响的主要外部限制条件：建筑应位于地段中央；办公楼入口应在正南，但北边应设可供汽车上下的出入口；限高60 m；抗震设防8度；地区气候冬季寒冷，夏季炎热；周围绿化宽敞，中轴对称，具有纪念意义。

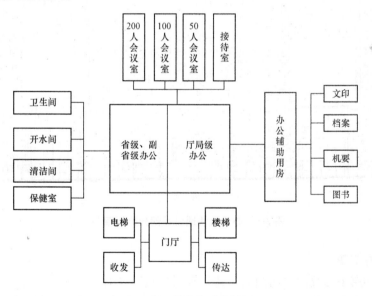

图2-3　办公楼内部功能关系图

四、意向草图

根据功能关系图、外部限制条件以及意念简图，建筑师在绘制意向草图的过程中应进一步将设计意图与设计要求、设计条件相结合，并最终确定一个意向性设计。图2-4所示为办公楼快速设计意向草图的发展过程。

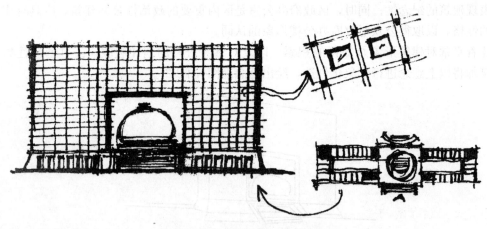

图 2-4 办公楼快速设计意向草图

五、按比例绘制部分控制性草图

图 2-4 所示是建筑师比较满意的意向性方案，因而决定将其定型。首先确定结构柱网采用 6 m×8 m、5.7 m×8 m，中间过道宽 2.4 m，并按任务书对各房间面积要求，按比例画出标准层平面及南立面图（图 2-5）。

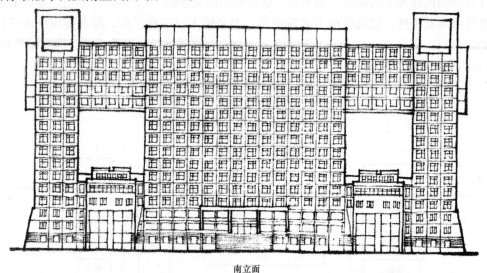

南立面

图 2-5 办公楼快速设计部分比例草图

六、正式方案图

在画完标准层平面及南立面图后，建筑师对它进行了评估，觉得效果不错，因而继续画出其他各层平面图、剖面图、立面图及总图，最后画出透视图，完成快速设计全过程（图 2-6）。

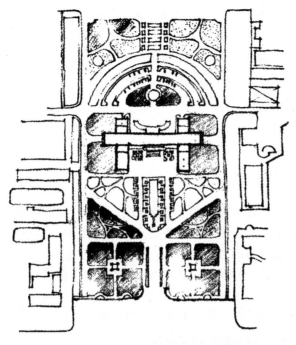

图 2-6　办公楼快速设计正式方案图

子任务 2　房地产项目计划管理

学习目标

1. 了解房地产项目计划管理的概念；
2. 了解房地产项目计划管理的类型和原则；
3. 了解房地产项目计划的分级管理体系内容。

学习任务

　　按照任务实施的相关知识与实施内容的要求，学生可采取自由组合为学习小组的方式，利用课上课外时间对工作任务进行分析，并有针对性地提出解决问题的方法和技巧，根据任务分析理清解决问题的思路，填写任务实训表格中的相关内容，并编制房地产开发企业的分级计划管理体系运行内容。

任务分析

　　知识点：

1. 了解房地产项目计划管理的重要性；
2. 了解房地产项目分级计划的编制流程；
3. 掌握房地产开发企业分级计划管理体系运行内容的编制要领。

　　技能点：

1. 能根据实际项目分析房地产企业的分级计划管理体系运行过程；

2. 能编制房地产企业的分级计划管理体系运行内容。

态度点:

1. 能主动学习,在完成任务过程中发现问题、分析问题和解决问题;
2. 能与小组成员协商、交流配合完成学习任务;
3. 严格遵守安全规范、学习纪律。

任务实施

2.1 相关知识

古人云:谋定而后动;凡事预则立,不预则废。房地产开发有着资金密集、管理密集、产品生产开发周期长、生产环节多而复杂等特点,同时受宏观调控、市场竞争等因素制约而存在较多的不确定性和较高的风险。因此,计划管理在房地产开发过程中就显得尤为重要。正如《惠普商学院:执行力》所说,必须"制定共同的工作计划(Shared Plan)",计划是控制军队行进步伐的"鼓点",计划是行进"速度的保证和关键(The Keys to Speed)"。房地产开发如果忽视了项目计划管理,其结果往往是欲速则不达。

一、房地产项目计划管理的概念与重要性

1. 房地产项目计划管理的概念

计划管理是指企业将各项经营活动纳入统一计划进行管理。房地产企业计划管理是房地产企业确定在一定时期内的生产经营目标,制定计划,用以组织、协调全部生产经营活动,是企业管理中的一项主要内容。主要是在工程管理项目 WBS 基础上,细化活动内容,配置资源和时间,明确各部门的任务和责任,使项目得到有效监控。房地产项目计划管理的任务就是以经营为中心,将企业的发展战略、发展计划具体落实到开发项目工程实施阶段上来,各职能部门根据批准的计划,开展各项工作,并根据情况变化对计划进行动态控制,从而时刻保持项目管理的主动性。

所以,房地产企业的计划管理体系的运行包括经营目标的决策、计划的编制与组织实施、计划执行的过程控制与调整、计划完成情况的检查与考核、计划工作的分析与总结。

2. 房地产项目计划管理的重要性

房地产项目计划既是项目管理的一大职能,又是项目实施过程中的一个极为重要的环节,在房地产项目计划管理中具有十分重要的作用。

(1)通过房地产项目计划可分析研究项目的投资、工期、质量和效益的总目标能否实现,以及各目标之间能否相互协调。在计划的过程中,如果发现总目标的实现确有困难,或出现目标中的费用、工期、质量要求不能协调平衡,应及时修正总目标,或修改技术方案、改进技术设计,甚至可能要取消某些项目活动,以保证各目标的平衡。因此,项目计划又是对项目构思、项目目标设计、项目技术方案设计的更为详细的过程。

(2)房地产项目计划既是对项目目标实现的方法、措施和过程的安排,又是对项目目标的分解过程。项目计划结果是许多更细、更具体的目标的组合,它们将被作为各级组织的责任加以落实,以保证项目总目标的顺利实现。项目实施过程中,前阶段的项目计划往往又是后阶段计划(或中间决策)的依据。

(3)房地产项目计划既是实施的指南,又是实施控制的依据。经批准后的计划文件是项

目的工作指南，可作为对实施过程进行监督、跟踪和诊断的依据，作为实施者评价和奖励的依据，作为检验和评价成果的依据。因此，在项目实施过程中，必须贯彻实施。如果没有计划，项目控制工作的推动就失去了依据，失去了意义。在现代房地产项目中，没有周密的项目计划，或计划得不到完整的贯彻，则项目不可能取得成功。

3. 房地产项目计划管理的指导思想

房地产项目开发的复杂性使房地产项目计划管理工作贯穿了项目的整个开发过程。房地产项目计划管理的目的有以下三个方面：

(1)确保房地产项目开发任务的顺利完成。

(2)保证跨专业、跨部门信息的整合与共享，信息流的畅通。

(3)作为管控手段，便于领导对开发过程进行监督与控制。

照此梳理，房地产开发企业可设计"以项目为单位"的开发计划管理体系的指导思想和具体方法(表2-2)。

表2-2　以项目为单位的开发计划管理

序号	指导思想	备　注
1	综合评估机制	为避免传统模式所带来的信息孤岛，通过项目运营(或PMO)形式，系统反映策划、营销、设计、工程、成本信息，对项目开发进行综合评估
2	突出重点 管理分级	集团总部与一线公司管理侧重点不同。 一线：注重具体的实施过程，把"主项计划"作为项目作战计划。 总部：关注经营目标的实现，重点把控项目"里程碑"节点
3	利润导向 销售先行	形成"以利润目标为导向，销售为龙头，对项目的进度、质量、成本进行动态控制"的统筹管理机制，体现营销的拉动作用，并根据房地产开发的特点，单列示范区计划

二、房地产项目计划管理的类型

1. 房地产项目计划管理的分类

项目是房地产企业的唯一产品，房地产企业一系列的经营活动都是围绕项目而展开的。因此，房地产企业的计划管理可分为企业年度经营(工作)计划管理和项目开发计划管理两类。

(1)企业年度经营(工作)计划管理。企业年度经营计划是整个企业在一个财务年度内全部工作的集合，年度经营计划以财年初为起点，以财年末为终点，管理范围包括一个财政年度。对于多个项目并行开发的企业，企业年度经营计划是该年度内多个项目开发计划落实在该年度内全部开发工作的汇总和集合。年度经营计划只包括本年度内企业各部门的全部工作，不包括下一年度的工作内容。企业年度经营计划通常包括经营目标和实现目标的具体行动和措施。为方便管理，年度经营计划可按时间分为半年的、季度的甚至月度经营计划，也可以按照专业化的原则，将经营计划分解为各部半年的、季度的和月度的工作计划。年度经营计划的编制依据是该年度内的项目开发计划，同时经营(工作)计划也是用于指导、约束企业和各部门日常工作的文件，对于以计划考核为重点考核内容的企业中，阶段内经营(工作)计划的完成情况是进行绩效考核的主要指标。

（2）项目开发计划管理。项目开发计划面向一个完整的项目，管理范畴从项目开发立项到项目后评估结束，涉及项目的全生命周期（不仅仅包括项目工程建设阶段的计划）。项目开发计划以项目开发的关键时间点（开工、开盘、竣工、交房、结盘）为骨干，综合项目开发的各专项计划（设计出图计划、工程实施计划、经营销售计划、承建商分包计划、项目报建计划等），经平衡、协调形成。项目开发计划通常跨多个财政年度，需要通过多个财政年度的持续开发才能完成全部开发内容，项目开发计划落实在某一财年内的工作构成了该年度经营（工作）计划的一部分。项目开发计划包括某一项目全部的开发工作，但不包括其他项目的任何内容。

房地产企业经营计划管理通常以时间周期来划分，在周期开始前进行编制，例如从公司经营的角度来看，往往是"走一步，看三步"，需要站在公司持续发展的角度，对内、外部环境进行分析，确定未来三年，甚至更长时间的发展方向，才能获得战略上的主动，制定战略规划；年度经营计划的制定，向上需要保持与"战略规划"的有效衔接，向下则按照专业化的原则，分解为月度计划等。通过层层分解加以落实，由此实现公司战略计划目标。图 2-7 所示为房地产企业计划管理体系。

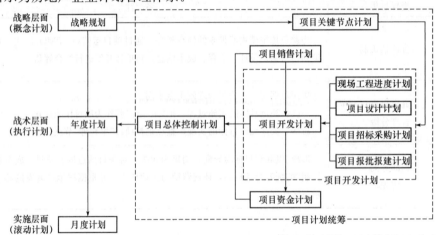

图 2-7　房地产企业计划管理体系图

2. 企业年度经营计划与项目开发计划的相互关系

（1）项目开发计划是企业经营计划编制的基础和依据。

（2）企业年度经营计划是多个项目开发计划映射在某一特定时间段内的具体落实和体现。

（3）对于以房地产开发为唯一业务的房地产企业，两类计划所描述的最本质的工作是一致的，但需要补充的是，年度经营计划的内容应大于项目开发计划，年度经营计划中通常包含组织发展、人才梯队建设、品牌管理、行政计划等与项目开发计划没有直接关系的工作内容。

（4）两类计划对于房地产企业而言都有必要编制，两类计划管理的角度是不同的：项目开发计划从项目开发的全局着眼，对跨多个年度开发的项目确保项目后期计划目标的一致性和连续性。而企业年度经营计划则缩短了管理范畴，聚焦在某一财政年度，确保了多个项目开发计划的阶段性目标的实现。

三、房地产项目计划管理的原则

1. 经济效益原则

在一定时期内，房地产项目开发可利用资源总是有限的，而利用有限的资源为市场提供适销对路的楼盘，同时又使企业利润最大化，就要求房地产企业通过计划工作把人力、物力、财力等资源科学合理地组织起来。

2. 综合平衡原则

在房地产企业开发项目经营运作的过程中，所需要的人力、物力、财力同所开发楼盘之间，各个职能部门与项目部门之间，开发准备与开发任务之间都要保持一定的、相对的平衡。但开发的进度，市场需求的变化，会使这种平衡被打破。因此必须通过计划管理，积极地、不断地组织，达到新的相对平衡，以充分利用企业的资源，取得较好的经济效益。

3. 群众性原则

房地产企业年度经营计划和项目开发计划的制定，既要充分考虑企业外部环境和内部条件的变化，又要广泛听取员工的意见。编制的计划最终要由员工来实施。因此，在计划的编制阶段听取员工意见，对于计划编制阶段的综合平衡和计划的执行、控制都是十分必要的。

4. 严肃性与应变性相结合原则

计划的严肃性，要求计划确定的各项目标，应严格执行，力争完成，不能朝令夕改。计划的应变性，要求计划必须是在对企业外部环境和内部条件的调查和预测的基础上做出的，当企业的外部环境和内部条件发生重大变化时，原来制定的计划就失去了对企业经营的指导作用，这时就有必要对计划根据变化的情况做出调整。

在实际管理工作中制定准确的计划是困难的，但是没有计划，实际工作就会陷入混乱。在这种两难处境之下也要求在计划执行过程中要加强信息反馈，及时对计划进行调整。

2.2 实施内容

一、目的

根据实践经验证明，不少房地产开发企业在计划管理方面存在不少问题，主要表现在：一是计划制定的合理性、严谨性难以保障，要么自上而下，领导说了算，要么自下而上，给自己留足了空间；二是计划大而全，关联复杂，多方相互影响，管理效率低下；三是执行结果很难认定，责任追踪错综复杂；四是计划调整的随意性大；五是项目知识难以共享，经验难以复制等。只有进行有效的计划管理，才能帮助企业管理者合理分配资源，提升房地产企业开发项目运营的效率，顺利达成目标。

该项目任务要求利用媒介查阅若干房地产项目的开发计划编制案例，结合教材中阐述的相关知识，调研身边熟悉的房地产项目，针对具体的房地产项目背景，分析该企业的分级计划管理体系的运行过程，编制房地产开发企业四级计划管理体系的运行内容。

二、房地产项目计划的分级管理体系

计划是房地产项目管理的核心工作，尤其是跨区域多项目发展的集团企业，由于涉及的地域跨度大，项目的开发量增加，更应强调企业对项目计划管理的分级能力。

根据管理幅度和专业上的不同，房地产项目计划一般分为四级控制，分别对应和服务于不同的管理层级。项目的分级计划管理实际上是根据集团、区域公司、项目公司的权责范围，将项目计划进行相应的分解，各层级分别负责其对应的计划，逐层分解管理难度。目前，项目计划的分级管理主要分为四级，即将计划分为集团关键节点计划、项目主项计划、项目专项计划和楼栋施工计划四级。具体分级管理的方式如图2-8所示。

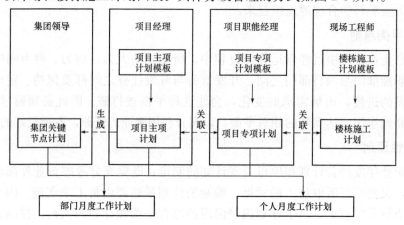

图2-8 项目分级管理的方式

1. 集团关键节点计划(一级计划)

集团管控的关键节点计划是指集团层面(管理层)对各个项目的管控计划，通常是由集团统一定义的需要在集团层面重点关注的里程碑事件。例如取得国土使用权证、完成方案设计、项目开工、开盘、交房等，具体确定多少个节点项应根据每个公司的管理精细度而定。如龙湖的集团关键节点项在14项左右。通过集团关键节点的管理，能让最稀缺的高层时间锁定在最关键的环节上。

2. 项目主项计划(二级计划)

项目公司管控的主项计划是指区域公司层面对各项目的管控计划，包括从立项到交房的整个项目生命周期的计划，覆盖各个专业口，如报建、营销、设计、工程、成本等。项目主项计划由项目经理负责，基于关键路径，控制项目总工期，强调专业线的横向协同。主项计划是细化了的关键节点计划，包括了项目计划中关键路径上的各项计划。

3. 项目专项计划(三级计划)

职能部门管控的专项计划是项目公司的各职能部门在项目主项计划的指引下，进一步细化本专业线的工作计划，形成的项目专项计划。例如报建专项计划、设计专项计划、工程专项计划、营销专项计划、客服专项计划等。项目专项计划一般由项目公司自定义指导性模板并报集团备案，归职能经理负责。

职能部门管控的专项计划只编到组团，不具体到各单体楼，这是因为具体到单体楼的施工计划应由现场工程管理人员负责管控。

4. 楼栋施工计划(四级计划)

楼栋施工计划是工程专项计划的延伸。现场工程管理人员管控的楼栋施工计划是指施工现场工程师在工程专项计划的指引下，细化形成每栋单体楼的工程施工计划。由现场工程师负责、工程部经理统筹，重点关注别墅、公寓、高层等单体楼的形象进度。

总的来说，"里程碑计划"是项目开发的纲领性计划。需充分的论证，以保证其可实施性。然后以全局性的"里程碑计划"做指导，编制"主项计划"（作战计划）。再以"主项计划"做指导，分解形成营销计划、设计计划、建设计划等分端口的实施操作计划（专项计划）。以上过程实现了"计划目标的层层分解"，也形成了下级计划对上级计划的有力支撑。

通过这种分级计划管理体系的建立，大大降低了项目管理的难度；同时，计划在各层级职权范围内管理，责任清晰明确；当下级计划延期影响上级计划时，通过关联给予提示，而不会直接调整上级计划，保证了计划的严肃性；在不影响上级计划时，下级计划可在职责范围内合理调整，使计划管理更加高效。

【案例资料】

三峡工程时间跨度为 17 年，为了管理好工程进度，三峡总公司采取了计划分层级编制管理的办法。三峡总公司按控制性总进度编制实施进度总计划，在此基础上，分项目编制年度、季度、月度计划，用于协调整个三峡工程进度。三峡总公司制定统一的工程进度编制办法，规范进度计划的编制工作，并建立严格的进度会商和审批制度。承包单位编制施工周、日计划，得到监理认可后方可组织施工，以保证施工进度满足总进度要求。

三、房地产项目分级计划的编制

1. 项目分级计划的编制流程

四级计划的编制以项目主项计划的编制为轴心。项目主项计划编制完成后，向上抽取，得到集团关键节点计划；向下扩展，形成项目专项计划及楼栋施工计划（图 2-9）。

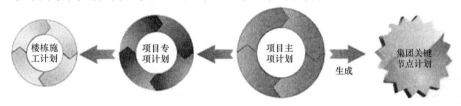

图 2-9　项目主项计划与集团关键节点计划的编制流程图

2. 项目分级计划的编制原则

（1）自上而下、自下而上的原则。上级计划是下一级计划的编制基准，下级计划复核上级计划的科学性、合理性和可实施性（图 2-10）。

图 2-10　自上而下、自下而上的原则

从上到下逐级指导的方式确保了计划的制定紧扣企业战略目标，同时计划逐级细化，各层级以适合其管理要求的精细程度编制计划，避免计划过粗、过细，保证了计划的合理性、科学性和严谨性。

（2）分四步走的原则。编制项目计划应分以下四步进行：

第一步，目标。由上级计划获得目标。

第二步，任务。为了达成目标而应完成的各项任务分解。

第三步，流程。如有必要，将任务往下继续分解并通过工作流程的建立，找出各任务之间的逻辑关系。

第四步，计划。为工作项目设定时间要求及资源配置，形成计划。

四、房地产企业分级计划管理体系的案例应用

1. 企业背景

甲房地产企业，2001 年开始进入房地产行业，一级开发资质，以中高端精品住宅开发为主，累积开发面积 180 万 m^2，土地储备建筑面积约 80 万 m^2。

该房地产企业组织结构设置：设计部、工程部、成本部、招标合约部、营销策划部、开发报建部、计划管理部、人力资源部、行政部、财务部。

2. 项目背景

(1)海悦梅庭项目概况。甲房地产企业拟开发海悦梅庭项目，该项目位于 A 市某区，项目总用地 47 375.75 m^2，经 A 市规划国土局批准，用地功能为商住及配套设施，实际建设用地面积 39 390.36 m^2，计容积率建筑面积为 149 683.37 m^2。该项目的经济指标见表 2-3。

表 2-3 海悦梅庭项目主要技术经济指标

内　容	指　标	内　容	指　标
建设地点	✕✕路与✕✕路交会	规划总用地面积	47 375.75 m^2
实际用地面积	39 390.36 m^2	计容积率建筑面积	149 683.37 m^2
总建筑面积	157 689.07 m^2	建筑容积率	3.8
建筑密度	28%	绿地率	31%
住宅面积	141 125.49 m^2	商业面积	8 527.04 m^2
地下室面积	8 036.54 m^2	居住总户数	1 520 户

根据上述规划经济指标，计容积率总建筑面积为 149 683.37 m^2，其中住宅面积 141 125.49 m^2，商业面积 8 527.04 m^2；另外不计容积率的地下室建筑面积 8 036.54 m^2，共 494 个车位，项目总建筑面积 157 689.07 m^2，拟建 21 栋 18 层住楼。

(2)建设方式及进度安排。

①开发计划拟定的原则。本项目作为一个以市场为导向的中高档住宅项目，在拟定项目的开发建设计划时，主要依据大中规划住宅项目的基本规律，遵循最佳的市场对接时机与购买力适应，以及按基地的成熟条件渐进的原则；本项目经测算销售值达 50 128.6 万人民币，从楼市的发育、区域购买力，以及合理的市场占有率角度，暂定开发经营时间为 3 年，其中销售期为 2 年；根据项目基地及规划情况，在项目开发的过程中以整体开发为主，但为了利于资金回收等原因，在施工的过程中，以滚动开发的模式进行开发经营。

②进度安排。本项目拟用 3 年分 3 期进行，各主要分段工程进度周期如下：

项目的设计及开工准备(初步及施工图设计、三通一平、报建、招标等)：3 个月；

住宅的主体建筑(基础、主体、外装及设备)：18 个月；

室外环境配套(道路、管网、环艺、验收等)：15 个月。

③项目周期设定。开发正式启动的时间设定为项目规划方案通过规划部门审批时间，

并以此时间为项目开发周期的起始日；根据项目基地及规模情况，在开发建设中设清晰的分期进度，按总建筑面积的 1/3 为一个工程流水节奏，间隔六个月的动工时间，形成项目整体开发的形象及市场影响。

针对海悦梅庭房地产项目案例的实际情况，请完成 2.3 任务实训。

2.3 任务实训

工作任务	编制房地产企业的四级计划管理体系的运行内容		学时	2
姓 名	学 号	班 级	日 期	

任务描述：根据教材中阐述的房地产项目计划管理及房地产项目计划分级管理的相关理论知识，查阅若干房地产项目的开发计划编制案例，调研身边熟悉的房地产项目，针对海悦梅庭房地产项目，分析甲房地产企业的四级计划管理体系的运行过程，编制房地产开发企业的四级计划管理体系的运行内容。

1. 咨询（课内外完成）

(1) 海悦梅庭房地产项目的概况

(2) 相关问题

① 房地产企业计划管理体系遵循 PDCA 循环吗？为什么？

② 房地产企业的两类计划管理的角度是否相同，说明理由？

③ 谈谈中小型房地产企业计划管理的误区。

2. 决策（课外完成）

制定房地产企业的四级计划管理体系的运行过程提纲或说明。

分级计划	主要过程和内容
一级计划	
二级计划	
三级计划	
四级计划	
结论：	

3. 计划

进行项目编组，项目小组人员数一般以 5～10 人为宜。根据老师布置的实训任务与要求核对各组资料准备情况。

4. 实施

(1) 房地产开发企业的四级计划管理体系的运行内容包括哪些？

(2) 制作电子文档进行展示与交流。

5. 检查及评价

考评项目(100 分)		自我评估	组长评估	教师评估	备注
素质考评 20	劳动纪律 5				
	积极主动 5				
	协作精神 5				
	贡献大小 5				
实训考评 20					
总结分析 20					
综合评价 40					

【背景材料】

某房地产集团公司在全国部分省市有多个开发项目，作为集团总部运营管理中心，需要对集团开发的房地产项目进行管理，包括进度计划、资源、资金等多方面管理，而各项目又均属各地的项目公司独立运营操作。在集团总部运营管理过程中，出现了以下两个问题，很难统筹管理，以至于在向公司高层汇报时报告数据失真，报告内容不及时。

1. 各项目进度报告与实际进展不符，存在滞后问题。
2. 各项目计划所需资源在集团层面难以相对准确估计。

子任务 3　房地产项目施工组织设计

学习目标

1. 了解房地产项目施工组织设计的性质和任务；
2. 了解房地产项目施工组织设计的作用；
3. 了解房地产项目施工组织设计的分类；
4. 掌握房地产项目施工组织设计编制的内容、方法和依据。

学习任务

按照任务实施的相关知识与实施内容的要求，学生可采取自由组合为学习小组的方式，利用课上课外时间对工作任务进行分析，并有针对性地提出解决问题的方法和技巧，根据任务分析理清解决问题的思路，填写任务实训表格中的相关内容并编制完整的房地产项目施工组织设计文件目录。

任务分析

知识点：

1. 了解房地产项目施工组织设计的性质和任务；
2. 了解房地产项目施工组织设计的作用和分类；
3. 掌握房地产项目施工组织设计编制的内容、方法和依据。

技能点：

1. 具备根据项目任务收集资料、整编资料的能力；
2. 能根据实际房地产项目明确施工组织设计的内容；
3. 具备编制房地产项目施工组织设计文件目录的能力。

态度点：

1. 能主动学习，在完成任务的过程中发现问题、分析问题和解决问题；
2. 能与小组成员协商、交流配合完成学习任务；
3. 严格遵守安全规范、学习纪律。

3.1 相关知识

一个房地产项目的建设施工，可以有不同的施工顺序。每一个施工过程可以采用不同的施工方案；每一种构件可以采用不同的生产方式；每一种运输工作可以采用不同的方式和工具；现场施工机械、各种堆物、临时设施和水电线路等可以有不同的布置方案；开工前的一系列施工准备工作可以用不同的方法进行。不同的施工方案，其效果是不一样的。怎样结合房地产项目工程的性质和规模、工期的长短、工人的数量、机械装备程度、材料供应情况、构件生产方式、运输条件等各种技术经济条件，从经济和技术统一的全局出发，从许多可能的方案中选定最合理的方案，对施工的各项活动做出全面的部署，编制出规划和指导施工的技术经济文件（即房地产项目施工组织设计），这是施工人员开始施工之前必须解决的问题。

一、房地产项目施工组织设计的性质和任务

房地产项目施工组织设计是指针对拟建的工程项目，在开工前针对工程本身特点和工地具体情况，按照工程的要求，对所需的施工劳动力、施工材料、施工机具和施工临时设施，经过科学计算、精心对比及合理的安排后编制出的一套能在时间和空间上合理进行施工的战略部署文件。

1. 房地产项目施工组织设计的性质

施工组织设计是规划和指导拟建工程项目从施工准备到竣工验收全过程的一个综合性的技术经济管理文件。它应根据建筑工程的设计和功能要求，既要符合建筑施工的客观规律，又要统筹规划，科学组织施工，采用成熟的施工技术和工艺，以最短的工期，最少的劳力、物力取得最佳的经济效果。

2. 房地产项目施工组织设计的任务

房地产项目施工组织设计的主要任务是把工程项目在整个施工过程中所需的人力、材料、机械、资金和时间等因素，按照客观的经济技术规律，科学地做出合理安排。使之达到耗工少、速度快、质量高、成本低、安全好、利润大的要求。其具体设计任务如下：

（1）根据建设单位对建筑工程工期的要求和工程特点，选择经济合理的施工方案，确定合理的施工顺序。

（2）确定科学合理的施工进度，保证施工能连续、均衡地进行。

（3）制定合理的劳动力、材料、机械设备等的需要量计划。

（4）制定技术上先进、经济上合理的技术组织保证措施。

（5）制定文明施工、安全生产的保证措施。

（6）制定环境保护、防止污染及噪声的保证措施。

二、房地产项目施工组织设计的重要性

房地产项目施工组织设计作为指导施工全过程各项活动的技术经济的纲领性文件，是施工技术与施工项目管理有机结合的产物，它是项目工程开工后施工活动能有序、高效、科学合理地进行的保证。其重要性具体体现如下：

通过施工组织设计的编制，可以全面考虑拟建工程的各种具体施工条件，扬长避短地拟定合理的施工方案，确定施工顺序、施工方法和劳动组织，合理地统筹安排拟定施工进度计划；为拟建工程的设计方案在经济上的合理性，在技术上的科学性和在实施工程上的可能性进行论证提供依据；为建设单位编制基本建设计划和施工企业编制施工工作计划及实施施工准备工作计划提供依据；把拟建工程的设计与施工、技术与经济、前方与后方和施工企业的全部施工安排与具体工程的施工组织工作更紧密地结合起来；可以把直接参加的施工单位与协作单位、部门与部门、阶段与阶段、过程与过程之间的关系更好地协调起来。

三、房地产项目施工组织设计的分类及基本内容

1. 房地产项目施工组织设计的分类

（1）按编制对象范围的不同分类。房地产项目施工组织设计按编制对象范围的不同可划分为三类，即施工组织总设计（也称施工组织大纲）、单位工程施工组织设计和分部分项工程施工组织设计（也称分部分项工程作业设计）。具体见表2-4。

表 2-4　房地产项目施工组织设计按编制对象范围的不同分类

序　号	类　别	内　涵
1	施工组织总设计	以整个建设项目或建筑群为编制对象，用来指导其建设全过程各项施工活动的技术、经济、组织、协调和控制的综合性文件。它是指导整个建设项目施工的战略性文件，内容概括全面，涉及范围广泛。一般是在初步设计或技术设计批准后，由总承包单位会同建设、设计和各分包单位共同编制的，是施工单位编制年度施工计划和单位工程施工组织设计、进行施工准备的依据
2	单位工程施工组织设计	以一个单位工程（如一栋楼房、一个烟囱、一段道路、一座桥梁等）为编制对象，用来指导其施工全过程各项活动的技术经济、组织协调和控制的局部性指导性文件。它是施工单位施工组织总设计和年度施工计划的具体化，是单位工程编制季度计划、月计划和分部分项工程施工设计的依据。 单位工程施工组织设计依据建筑工程规模、施工条件、技术复杂程度的不同，在编制内容的广度和深度上一般可划分为两种类型：单位工程施工组织设计和简单的单位工程施工组织设计（或施工方案）。 单位工程施工组织设计：编制内容全面，一般用于重点的、规模大的、技术复杂的或采用新技术的建设项目。 简单的单位工程施工组织设计（或施工方案）：编制内容较简单，通常只包括"一案一图表"，即编制施工方案、施工现场平面布置图、施工进度表
3	分部分项工程施工组织设计	以技术复杂、施工难度大且规模较大的分部分项工程为编制对象，用来指导其施工过程各项活动的技术经济、组织、协调的具体化文件。一般由项目专业技术负责人编制，内容包括施工方案、各施工工序的进度计划及质量保证措施。它是直接指导专业工程现场施工和编制月、旬作业计划的依据。 对于一些大型工业厂房或公共建筑物，在编制单位工程施工组织设计之后，常需编制某些主要分部分项工程施工组织设计。如土建中复杂的地基基础工程、钢结构或预制构件的吊装工程、高级装修工程等

（2）按阶段的不同分类。房地产项目施工组织设计按阶段的不同可划分为两类：一类是招标前编制的施工组织设计（简称为标前设计），另一类是签订工程承包合同后编制的施工

组织设计(简称为标后设计)。具体见表 2-5。

表 2-5 房地产项目施工组织设计按阶段的不同分类

序 号	类 别	内 涵
1	标前设计	在建筑工程投标前由经营管理层编制的用于指导工程投标与签约施工合同的规范性、控制性技术经济文件。以确保建筑工程中标、追求企业经济效益为目标
2	标后设计	在建筑工程签订施工合同后由项目技术负责人编制的用于指导施工全过程各项活动的技术经济、组织、协调和控制的指导性文件。以实现质量、工期、成本三大目标,追求企业经济效益最大化

(2)按编制目的不同分类。房地产项目施工组织设计按编制目的不同可划分为两类:

①投标性施工组织设计:在投标前,由企业有关职能部门负责牵头编制,在投标阶段以招标文件为依据,为满足投标书和签订施工合同的需要编制。

②实施性施工组织设计:在中标后施工前,由项目经理负责牵头编制,在实施阶段以施工合同和中标施工组织设计为依据,为满足施工准备和施工需要编制。

2. 房地产项目施工组织设计的基本内容

房地产项目施工组织设计的内容要结合工程对象的实际特点、施工条件和技术水平进行综合考虑,一般包括以下基本内容。

(1)项目工程概况

①本项目的性质、规模、建设地点、结构特点、建设期限、分批交付使用的条件、合同条件。

②本地区地形、地质、水文和气象情况。

③施工力量,劳动力、机具、材料、构件等资源供应情况。

④施工环境及施工条件等。

(2)施工部署及施工方案

①根据工程情况,结合人力、材料、机械设备、资金、施工方法等条件,全面部署施工任务,合理安排施工顺序,确定主要工程的施工方案。

②对拟建工程可能采用的施工方案进行定性、定量的分析,通过技术经济评价,选择最佳方案。

(3)施工进度计划

①施工进度计划反映了最佳施工方案在时间上的安排,采用计划的形式,使工期、成本、资源等方面,通过计算和调整达到优化配置,符合项目目标的要求。

②使工序有序地进行,使工期、成本、资源等通过优化调整达到既定目标,在此基础上编制相应的人力和时间安排计划、资源需求计划和施工准备计划。

(4)施工平面图。施工平面图是施工方案及施工进度计划在空间上的全面安排。它把投入的各种资源、材料、构件、机械、道路、水电供应网络、生产、生活活动场地及各种临时工程设施合理地布置在施工现场,使整个现场能有组织地进行文明施工。

(5)主要技术经济指标。技术经济指标用来衡量组织施工的水平,它是对施工组织设计文件的技术经济效益进行全面评价。

3.2 实施内容

一、目的

房地产项目施工组织设计的繁简，一般要根据工程规模大小、结构特点、技术复杂程度和施工条件的不同而定，以满足不同的实际需要。复杂和特殊工程的施工组织设计需较为详尽，小型建设项目或具有较丰富施工经验的工程则可较为简略。施工组织总设计是为解决整个建设项目施工的全局问题的，要求简明扼要，重点突出，并应安排好主体工程、辅助工程和公用工程的相互衔接和配套。单位工程的施工组织设计是为具体指导施工服务的，要具体明确，解决好各工序、各工种之间的衔接配合，合理组织平行流水和交叉作业，以提高施工效率。施工条件发生变化时，施工组织设计须及时修改和补充，以便继续执行。

房地产项目施工组织设计是施工现场组织施工的纲领性文件，整个施工现场布置部署、人员配备，机械设备安排，材料组织，环境保护，施工方法的确定，关键工序的施工方法等，都需要施工组织设计文件的指导，是施工现场核心的文件。因此，该项目任务要求结合实际房地产项目现场实施工作情况，同时，利用媒介查阅大量房地产项目的施工组织设计案例，完成一份《×××房地产项目施工组织设计文件》目录的编写任务，为今后编制房地产项目施工组织设计方案奠定基础。

二、房地产项目施工组织设计的编制

1. 房地产项目施工组织设计的编制方法

(1)熟悉施工图样，进行现场探勘，收集有关资料。

(2)根据施工图样计算工程量，进行工料分析。

(3)选择施工方案和施工方法，确定质量保证措施。

(4)编制施工进度计划。

(5)编制资源需要量计划。

(6)确定临时设施和临时管线，绘制施工现场平面图。

(7)技术经济指标对比分析。

2. 房地产项目施工组织设计的编制要求

(1)根据工期目标要求，统筹安排，抓住重点。

(2)合理安排施工流程。

(3)科学合理地安排施工方案，尽量采用国内外先进施工技术。

(4)科学安排施工进度，尽量采用流水施工、网络计划和横道图计划。

(5)合理布置施工现场平面图，节约施工用地。

(6)坚持质量安全同时抓的原则。

3. 房地产项目施工组织设计的编制依据

(1)建设单位的意图和要求。

(2)工程的施工图纸及标准图。

(3)施工组织总设计对本单位工程的工期、质量和成本的控制要求。

(4)资源配置情况。

(5)建筑环境、场地条件及地质、气象资料，如工程地质勘查报告、地形图和测量控制等。

(6)有关的标准、规范和法律。

(7)有关技术新成果和类似建设工程项目的资料和经验。

4. 房地产项目施工组织总设计的编制程序

(1)收集和熟悉编制施工组织总设计所需的有关资料和图纸，进行项目特点施工条件的调查研究。

(2)计算主要工种工程的工程量。

(3)确定施工的总体部署。

(4)拟定施工方案。

(5)编制施工总进度计划。

(6)编制资源需求量计划。

(7)编制施工准备工作计划。

(8)施工总平面图设计。

(9)计算主要技术经济指标。

以上顺序中有些顺序必须固定，不可逆转，第一，拟定施工方案后才可编制施工总进度计划(因为进度的安排取决于施工的方案)；第二，编制施工总进度计划后才可编制资源需求量计划(因为资源需求量计划要反映各种资源在时间上的需求)。

3.3 任务实训

工作任务	编写《×××房地产项目施工组织设计文件》目录			学时	2
姓 名		学 号	班 级	日 期	

任务描述：根据房地产项目施工组织设计的理论知识和相关资料的准备，查阅不同类型的房地产项目施工组织设计案例，结合实际房地产项目的实地调研，完成《×××房地产项目施工组织设计文件》目录的编写任务。

1. 咨询(课外完成)

(1)阐述×××房地产项目概况

(2)相关问题

①房地产项目施工组织设计的作用是什么？

②房地产项目施工组织设计的内容有哪些？

③简述房地产项目施工组织设计的编制方法和依据。

2. 决策(课外完成)

制定施工组织设计方案内容流程。

序号	主要内容和要点
1	
2	
3	
……	

结论：

3. 计划

进行项目编组，项目小组人员数一般以5~10人为宜。根据老师布置的实训任务与要求核对各组资料准备情况。

4. 实施

(1)编写《×××房地产项目施工组织设计文件》目录。

(2)制作PPT进行展示与交流。

5. 检查及评价

考评项目(100分)		自我评估	组长评估	教师评估	备注
素质考评 20	劳动纪律 5				
	积极主动 5				
	协作精神 5				
	贡献大小 5				
实训考评 20					
总结分析 20					
综合评价 40					

相关案例 2-3　某装修装饰工程组织设计案例

【背景材料】

某装饰公司承接了某公寓装饰装修工程后,在其编制的施工组织设计中确定了施工顺序:

一、施工展开程序

(1)先准备后开工;(2)先围护后装饰;(3)先室内后室外;(4)先湿后干;(5)先面后隐;(6)先设备管线,后面层装饰。

二、室内首层装饰工程的施工顺序

清理、放线→安装门框→墙面石材→水电管线安装→地面石材→安装吊顶龙骨→安装纸面石膏板→安装灯具、喷洒头→安装踢脚、饰板、门→局部顶墙涂料→清理验收。

【问题】

1. 上述施工展开程序中错误的是哪几项?请写出正确程序。

2. 上述室内首层装饰工程施工顺序中有哪些错误?请写出正确的顺序安排。

子任务 4　房地产项目招标投标设计

学习目标

1. 了解招标投标与房地产项目招标投标概念;

2. 了解房地产项目招标的组织形式;

3. 理解房地产项目招标投标的范围和标准;

4. 掌握房地产项目招标的方式。

学习任务

按照任务实施的相关知识与实施内容的要求,学生可采取自由组合为学习小组的方式,利用课上课外时间对工作任务进行分析,并有针对性地提出解决问题的方法和技巧,根据任务分析理清解决问题的思路,填写任务实训表格中的相关内容并结合调研房地产项目情况,完成房地产项目不同阶段分包管理招标文书的编制任务。

知识点：

1. 了解编制房地产项目招投文件的重要性；

2. 熟悉房地产项目招标投标的程序；

3. 掌握房地产项目招标书的编制要领。

技能点：

1. 能结合实际项目明确房地产项目招标文件的主要内容；

2. 能编制房地产项目工程招标文件。

态度点：

1. 能主动学习，在完成任务过程中发现问题、分析问题和解决问题；

2. 能与小组成员协商、交流配合完成学习任务；

3. 严格遵守安全规范、学习纪律。

任务实施

4.1 相关知识

一、招标投标与房地产项目招标投标的基本概念

1. 招标投标的概念

招标投标简称招投标，招投标是一种商品交易方式，是交易过程的两个方面。招投标方式是指在货物、工程和服务的采购行为中，招标人通过事先公布的采购和要求，吸引众多的投标人按照同等条件进行平等竞争，按照规定程序并组织技术、经济和法律等方面专家对众多的投标人进行综合评审，从中择优选定项目中标人的行为过程。这种方式是由双方经要约、承诺、择优选定，最终形成协议和合同关系的、平等主体之间的交易方式。其实质是以较低的价格获得最优的货物、工程和服务。

2. 房地产项目招标投标的概念

房地产开发项目施工是一种特定的工程采购方式，从招投标交易双方的角度来看，可分为房地产开发项目工程招标和房地产开发项目工程投标。

（1）房地产开发项目工程招标，是指面对一项开发工程，开发企业将工程可行性研究内容，或监理服务，或勘察、设计要求，或设备要求，或拟建工程的建设要求等，编制成招标文件，通过发布招标广告或向承包企业发出招标通知的形式，吸引有能力的承包企业参加投标竞争（或进行协商），直至签订工程发包合同的全过程。

（2）房地产开发项目工程投标，是指承包企业在获得招标信息后，根据开发企业招标文件提出的各项条件和要求，结合自身的能力，提出自己愿意承包工程的条件和报价，供开发企业选择，直至签订工程承包合同的全过程。

总之，房地产开发项目工程招标投标的目的是签订合同。在招标时，项目工程成交的价格有待于投标者提出，因此招标不具备要约的条件，不能称为要约，它是邀请他人对其提出要约（报价），是一种要约邀请；而投标则是要约，中标通知书是承诺。

3. 招标投标术语解析

招标投标常用的专业术语解析见表2-6。

表2-6 招投标术语解析表

序 号	术 语	解 析
1	招标	是指招标人通过招标公告或招标邀请书等形式，邀请具有法定条件和具有承建能力的投标人参与投标竞争
2	投标	是指经资格审查合格的投标人，按招标文件的规定填写投标文件，按招标条件编制投标报价，在招标文件限定的时间送达招标单位
3	开标	是指到了投标人提交投标文件的截止时间，招标人(或招标代理机构)依据招标文件和招标公告规定的时间和地点，在有投标人和监督机构代表出席的情况下，当众公开开启投标人提交的投标文件，公开宣布投标人名称、投标价格及投标文件中的有关主要内容的过程
4	评标	是指招标人依法组建的评标委员会按照招标文件规定的评标标准和方法，对投标文件进行审查、评审和比较，提出书面评标报告，推荐合格的1～3名中标候选人
5	中标	是指招标人根据评标委员会提出的书面评标报告，在推荐的中标候选人中确定中标人的过程
6	授标	是指招标人对经公示无异议的中标人发出中标通知书，接受其投标文件和投标报价
7	签订合同	是指中标通知书发出30天之内，招标人与中标人就招标文件和投标文件中存在的问题进行谈判，并签订合同

二、房地产项目招标的组织形式与方式

1. 房地产项目招标的组织形式

房地产项目招标可分为房地产开发公司(招标人)自行招标和委托招标机构代理招标两种形式。

(1)房地产开发公司自行招标。自行招标是指具有编制招标方案和组织评标能力的招标人，自行办理招标事宜，组织招标投标活动。招标人自行办理招标事宜应当具备以下条件：

①具有项目法人资格(或者法人资格)。

②具有与招标项目规模和复杂程度相适应的工程技术、概预算、财务和工程管理等方面专业技术力量。

③有从事同类工程建设项目招标的经验。

④设有专门的招标机构或者拥有3名以上专职招标业务人员。

⑤熟悉和掌握招标投标法及有关法规及规章。

同时，《招标投标法》规定，依法必须进行招标的项目，招标人自行办理招标事宜的，应当向有关行政监督部门备案。

(2)委托招标机构代理招标。招标人自行选择具有相应资质的招标代理机构，委托其办理招标事宜，开展招标投标活动；不具有编制招标文件和组织评标能力的招标人，必须委托具有相应资质的招标代理机构办理招标事宜。委托招标是招标人根据项目需求，按照法定的自愿原则自愿选择的结果，法律对合法的委托招标予以保护。为此，《招标投标法》规定，招标人有权自行选择招标代理机构，委托其办理招标事宜。任何单位和个人不得以任何方式为招标人指定招标代理机构。

【法律资料】

根据《工程建设项目施工招标投标办法》(七部委30号令)第八条规定，依法必须招标的

工程建设项目，应当具备下列条件才能进行施工招标：

(1)招标人已经依法成立。

(2)初步设计及概算应当履行审批手续的，已经批准。

(3)有相应资金或资金来源已经落实。

(4)有招标所需的设计图纸及技术资料。

2. 房地产项目招标的方式

房地产项目招标的方式一般可分为公开招标、邀请招标和议标三种。

(1)公开招标。公开招标也称为无限竞争性招标，是指招标人以招标公告的方式邀请不特定的法人或者其他组织投标。

优点：招标人可以在较广泛的范围内选择承包商，有利于取得最佳的工程方案，各投标人可以充分发挥自己在技术、资金、管理等方面的优势参与竞争，体现了公平竞争的原则。

缺点：投标人数量多，评标的工作量较大，容易造成招标的时间长、费用高。公开招标一般应用于政府工程或规模较大的工程。

(2)邀请招标。邀请招标也称为有限竞争性招标或指名竞争招标，是指招标人以投标邀请书的方式邀请特定的法人或其他组织投标。邀请招标一般不应少于三家。

优点：简化了招标程序，可节约招标费用和节省招标时间，减少了一定的风险。

缺点：招标竞争的激烈程度不够，有可能漏掉某些竞争力强的承包商。

(3)议标。议标也称为谈判招标，是一种非竞争性招标。是由发包单位直接与选定的承包单位就发包项目进行协商的招标方式。

优点：招标程序简单灵活。

缺点：由于竞争性较差，往往导致合同条件和价格有利于承包商。

从实践上看，公开招标和邀请招标的采购方式要求对报价及技术性条款不得谈判，议标则允许就报价等进行一对一的谈判。因此，针对一些小型建设项目采用议标方式目标明确，省时省力，比较灵活。但议标因不具有公开性和竞争性，采用时容易产生幕后交易，暗箱操作，滋生腐败，难以保障采购质量。《招标投标法》根据招标的基本特性和我国实际存在的问题，未将议标作为一种招标方式予以规定。因此，议标不是一种法定招标方式，依照招标投标法的规定，凡属《招标投标法》第三条规定必须招标的项目以及按照《招标投标法》规定自愿采用招标方式进行采购的项目，都不得采用议标的方式。

三、房地产项目招标的范围与标准

1. 房地产项目必须招标的工程建设项目范围

根据《招标投标法》第三条规定，在中华人民共和国境内进行下列工程建设项目包括项目的勘察、设计、施工、监理以及与工程建设项目有关的重要设备、材料等的采购，必须进行招标：

(1)大型基础设施、公用事业等关系社会公共利益、公众安全的项目。

(2)全部或者部分使用国有资金投资或者国家融资的项目。

(3)使用国际组织或者外国政府贷款、援助资金的项目。

《招标投标法》还规定，任何单位和个人不得将依法必须进行招标的项目化整为零或者以其他任何方式规避招标。

2. 房地产项目必须招标项目的规模标准

根据《工程建设项目招标范围和规模标准规定》第七条的规定，在第二条至第六条规定范围内的各类工程建设项目，包括项目的勘察、设计、施工、监理及与工程建设有关的重要设备、材料等的采购，达到下列标准之一的，必须进行招标：

（1）施工单项合同估算价在 200 万元人民币以上的。

（2）重要设备、材料等货物的采购，单项合同估算价在 100 万元人民币以上的。

（3）勘察、设计、监理等服务的采购，单项合同估算价在 50 万元人民币以上的。

（4）单项合同估算价低于（1）、（2）、（3）项规定的标准，但项目投资额在 3 000 万元人民币以上的。

其中，商品住宅，包括经济适用住房属于该规定第三条的关系社会公共利益、公众安全的公用事业项目。

3. 可以不进行招标的工程建设项目

如果建设项目不属于必须招标的项目，则可以招标也可以不招标。但是，即使符合必须招标项目的条件但是属于某些特殊情形的，也是可以不招标。

根据《工程建设项目招标范围和规模标准规定》第八条规定，建设项目的勘察、设计，采用特定专利或者专有技术的，或者其建筑艺术造型有特殊要求的，经项目主管部门批准，可以不进行招标。

《招标投标法》第六十六条规定，涉及国家安全、国家秘密、抢险救灾或者属于利用扶贫资金实行以工代赈、需要使用农民工等特殊情况，不适宜招标的项目，按照国家有关规定可以不进行招标。

根据 2003 年 3 月 8 日国家发改委、建设部等 7 部委令第 30 号发布的《工程建设项目施工招标投标办法》第十二条规定，依法必须进行施工招标的工程建设项目有下列情形之一的，可以不进行施工招标：

（1）涉及国家安全、国家秘密、抢险救灾或者属于利用扶贫资金实行以下代赈需要使用农民工等特殊情况，不适宜进行招标。

（2）施工技术主要采用不可替代的专利或者专有技术。

（3）已通过招标方式选定的特许经营项目投资人依法能够自行建设。

（4）采购人依法能够自行建设。

（5）在建工程追加的附属小型工程或者主体加层工程，原中标人仍具备承包能力，并且其他人承担将影响施工或者功能配套要求。

（6）国家规定的其他情形。

四、房地产项目招标投标的程序

房地产开发项目工程招标的程序包括招标前的准备工作，发出招标公告或邀请函，对投标人进行资格审查，发售招标文件，开标、评标和授标，签订工程承包合同。

1. 招标前的准备工作

房地产项目工程招标前一般需要做好以下几项准备工作：

（1）按照国家有关规定需要履行项目审批手续的，已经履行审批手续。

（2）有建设资金或者资金来源已经落实。

（3）有满足工程招标需要的设计文件及其他技术资料。

（4）法律、行政法规规定的其他条件。

2. 发出招标公告或邀请函

采用公开招标的项目应当在正式的媒体上刊登招标公告，公告的内容一般包括：项目名称和业主，资金来源，工程情况介绍，投标截止时间，开标时间及地点，购买招标文件的时间、联系地址及费用，招标机构的联系地址及其他事项。

对于邀请招标，通常不要求发出招标公告，而是向被邀请的承包商发出邀请函及上述有关信息即可。

3. 对投标人进行资格审查

投标人资格审查是公开招标中一项必不可少的程序，其实质是招标机构对参加投标的承包商进行技术水平、财务实力和施工管理经验等方面的调查，目的在于剔除不合格的承包商，以保证招标项目的顺利实施。通过对投标人进行资格审查，不仅可以提高招标机构的工作效率，还可以降低招标成本。投标人资格审查分为资格预审和资格后审，工程招标中一般以资格预审为主。

4. 发售招标文件

招标文件包括：招标公告、投标人须知、投标书格式、合同的通用条款、合同的专用条款、技术规格和图纸、工程量清单、各种必要附件（如投标保函及履约保函格式等）。

5. 开标、评标和授标

（1）开标。开标是将所有投标人的标书启封揭晓。工程招标一般公开进行开标，而且应当有投标人或其代表出席。开标时应当众宣读并记录投标人名称、每个投标的总金额，以及任何替代投标方案的总金额（如果要求或允许报替代方案）。在规定时间之后收到的投标，以及没有在开标时开启并宣读的投标，均不予考虑。

（2）评标。评标通常由专门的评标委员会或者评审小组负责。评标小组应当由各方面的专家组成。评标主要从标书符合性、技术评审和商务评审三方面进行评价。标价的高低不是唯一的标准，通常要审查投标报价细目的合理性，以及审查承包商的计划安排、施工技术、财务安排等内容。

（3）授标。评标完成后，由招标机构和工程项目的业主商定中标人，然后由业主或招标机构代表业主向中标人发出授标信或中标通知书。通知书中通常应简明扼要地表明该投标人的投标书已被接受，授标的价格是多少，应当在何时与业主签订工程承包合同。在向中标的投标人授标后，对未能中标的其他投标人应同时发出相应的通知书，在通知书中还应当注明退还投标人的投标保证金的办法。

6. 签订工程承包合同

工程招标决标后，业主和中标的承包商应当在规定的期限内签订工程承包合同，明确双方的权利、义务和责任。合同一经生效，即具有法律约束力。

房地产开发项目工程投标的程序包括投标前的准备工作，工程投标询价和现场考察，经济标和技术标的确定，填制标书和竞标。

（1）投标前准备工作。投标前准备工作包括以下几个方面：

①收集招标信息和资料。

②投标可行性分析。

③组成投标小组。

（2）工程投标询价和现场考察。

①工程投标询价。工程投标询价是投标人按招标文件要求的规格向供货人进行相应材料、人工、机械以及服务等方面的价格询问。

②现场考察。现场考察的工作内容主要包括以下几个方面：

a. 建筑物施工条件。

b. 工地及周边环境、电力等情况。

c. 本工程与其他工程间的关系。

d. 工地附近住宿条件等。

(3)经济标和技术标的确定。

①经济标的确定。编制经济标的目的是确定投标价格。

②技术标的确定。技术标主要是指项目实施管理方案(施工组织设计方案)。

(4)填制标书和竞标。标书是投标人正式参加投标竞争的证明，是投标人向业主发出的正式书面报价，承包商的实力体现在标书中。全部标书编好经校核并签署后，投标人应当按照投标须知的规定装好，在投标截止时间前送达。开标后，投标人成为中标候选人进行进一步的竞争就是定标，招标人即可按照对项目的掌握及准备进一步澄清招标文件，补充某些优惠条件等以进行定标活动。

4.2　实施内容

一、目的

招标文件是招标投标活动中最重要的法律文件，它不仅规定了完整的招标程序，而且还提出了各项具体的技术标准和交易条件，规定了拟订立合同的主要内容，是投标人准备投标文件和参加投标的依据，评审委员会评标的依据，也是拟订合同的基础。招标文件也是招标活动中的关键性文件，在招标活动中起着至关重要的作用。招标单位编制招标文件本着公平、公正的原则，使招标文件严密、周到、细致、易解、规范。该项目要求学生调研身边熟悉的房地产项目，根据房地产开发项目招投标相关理论知识的阐述，完成一份房地产项目研发设计阶段、建设施工阶段、后期物业管理阶段的招标书的编制任务。

二、房地产项目招标文件的主要内容

房地产开发项目工程招标文件是指由招标人向投标人提供的为进行房地产项目工程投标工作所必需的文件。招标文件是招标的依据，根据《工程建设项目施工招标投标办法》(七部委30号令)第二十四条规定，招标人根据招标项目的特点和需要编制招标文件。招标文件一般包括下列内容：

1. 招标公告或投标邀请书

房地产项目工程招标公告是指建设单位对拟建的工程发布公告，通过法定的程序和方式吸引建设项目的承包单位竞争，并从中选择条件优越者来完成工程建设任务的法律行为。招标公告必须包含的内容如下：

(1)招标人的名称、地址，招标项目名称。

(2)招标项目的性质和数量。

(3)实施地点和时间。

(4)投标截止时间和开标时间。

(5)投标人的资质条件。

(6)获取资格预审文件、招标文件的办法等。

投标邀请书的内容应载明投标项目的性质和数量；招标人的名称和地址；招标项目的

实施地点和时间；获取招标文件的办法。

2. 投标人须知

投标人须知是指招标文件中主要用来告知投标人投标时有关注意事项的文件。投标人须知一般包括投标须知前附表；总则（招标范围、资金来源、投标人的资格）；招标文件；投标文件的编制；投标文件的递交；开标；评标；授予合同。

3. 合同主要条款

合同主要条款包括工期的确定及顺延要求；合同价款与支付方法；竣工验收与结算的有关要求；违约、索赔、争议的有关处理方法等。

4. 投标文件格式

投标文件格式包括投标函及投标函附录；法定代表人身份证明；授权委托书；联合体协议书；投标保证金；已标价工程量清单；施工组织设计；项目管理机构；拟分包项目情况表；资格审查资料等。

5. 工程量清单

采用工程量清单招标的，应当提供工程量清单。工程量清单招标是建设工程招标投标活动中按照国家有关部门统一的工程量清单计价规定，由招标人提供工程量清单，投标人根据市场行情和本企业实际情况自主报价，经评审低价中标的工程造价计价模式。其特点是"量变价不变"。

6. 技术条款

招标文件一般包括经济标、技术标和商务标。经济标主要是指投标报价；技术标主要是指施工组织设计方面的内容；商务标是指公司的资质、执照、获奖证书等方面。技术条款是为完成招标文件规定的工程所采取的各种技术措施，一般包括图纸设计说明、技术方案、工期计划、人员等。

7. 设计图纸

设计图纸分平面图、地平面图、天棚平面图、立面图、节点大样图、强电施工图、弱电铺设图等。

8. 评标标准和方法

评标是指依据招标文件的规定和要求，对投标文件所进行的审查、评审和比较。评标由招标人依法组建的评标委员会负责，一般包括评标标准、独立评审、标价确认、投标文件的澄清等。

9. 投标辅助材料

投标辅助材料一般包括单价分析表、总价承包项目分解、分组工程报价组成表。

三、房地产项目招标文件的编制要求

房地产项目招标文件的编制必须遵守国家有关招标投标的法律、法规和部门规章的规定，并遵循下列原则和要求：

(1)招标文件必须遵循公开、公平、公正的原则，不得以不合理的条件限制或者排斥潜在投标人，不得对潜在投标人实行歧视待遇。

(2)招标文件必须遵循诚实信用的原则，招标人向投标人提供的工程情况，特别是工程项目的审批、资金来源和落实等情况，都要确保真实和可靠。

（3）招标文件介绍的工程情况和提出的要求，必须与资格预审文件的内容相一致。

（4）招标文件的内容要能清楚地反映工程的规模、性质、商务和技术要求等内容，设计图纸应与技术规范或技术要求相一致，使招标文件系统、完整、准确。

（5）招标文件规定的各项技术标准应符合国家强制性标准。

（6）招标文件不得要求或者标明特定的专利、商标、名称、设计、原产地或建筑材料、构配件等生产供应者，以及含有倾向或者排斥投标申请人的其他内容。如果必须引用某一生产供应者的技术标准才能准确或清楚地说明拟招标项目的技术标准时，则应当在参照后面加上"或相当于"的字样。

（7）招标人应当在招标文件中规定实质性要求和条件，并用醒目的方式标明。

4.3 任务实训

工作任务	编制房地产项目分包管理内容的招标文件			学时	4
姓　名		学　号	班　级	日　期	

任务描述：房地产项目管理采用"三段式"管理模式，即研发设计阶段管理、建设施工阶段管理、项目后期阶段物业管理。该任务要求的设计工作为"重庆某高校教学楼改造工程项目招标文件编制"，根据招投标理论知识和相关资料的准备，查阅房地产项目不同阶段分包管理招标文书的编制案例，完成建筑设计、结构设计、水电设计、设备设计、环境设计、施工管理、监理、物业管理招标文件的编制任务，可任选其一进行招标文件的编制。

1. 咨询（课外完成）

（1）调研×××房地产项目（教学楼改造工程项目），阐述项目概况，包括教学楼改造工程项目管理方案、施工图纸、改造工程造价、改造内容及效果图等。

（2）相关问题

①阐述房地产项目实施招标投标的重要性。

②房地产项目投标文件的主要内容有哪些？

③根据房地产项目工程招投标程序绘制招标投标程序流程图。

2. 决策（课外完成）

制定房地产项目招标文件的提纲和说明。

3. 计划

进行项目编组，项目小组人员数一般以 5~10 人为宜。根据老师布置的实训任务与要求核对各组资料准备情况。

4. 实施

（1）编制×××房地产项目建筑设计、结构设计、水电设计、设备设计、环境设计、施工管理、监理、物业管理招标文件，任选其一。

（2）制作电子文档进行展示与交流。

5. 检查及评价

考评项目(100分)		自我评估	组长评估	教师评估	备注
素质考评 20	劳动纪律 5				
	积极主动 5				
	协作精神 5				
	贡献大小 5				
实训考评 20					
总结分析 20					
综合评价 40					

地区：××市

详细内容：建设单位：××安居工程建设指挥部

工程名称：××市安居工程蓝溪住宅区西地块(五组团)B24I标

工程地点：蓝溪住宅区西地块

建筑规模及建筑面积：56 114.28 m²(其中地下室 11 371.15 m²)，结构类型及层数：1♯三大块楼 3 030.22 m² 11 层；2♯楼 4 345.94 m² 15 层；3♯楼 5 195.6 m² 18 层；4♯楼 10 305.6 m² 18 层；5♯楼 3 782.35 m² 11 层；7♯楼 2 796.04 m² 11 层；9♯楼 4 981.78 m² 18 层；10♯楼 10 305.6 m² 18 层；

工程概况：投资金额：12 871.396 5 万元，建筑面积：56 114.28 m²。

招标内容、范围：土建及安装。

工程质量要求：合格。

工期：857 日历天。

资质要求：房建总承包二级及二级以上(企业注册资金不得低于 2 574 万元)，项目负责人要求注册建造师二级及二级以上。

招标方式：公开招标。

注意事项：本项目采用资格后审，招标文件每套价格 800 元人民币。集中购领招标文件时间：2013 年 10 月 31 日—2014 年 1 月 5 日，上午 9：00—11：30，下午 14：00—16：30(节假日除外)，地点：××市公共资源交易中心报名区，其他时间请与招标代理人联系。本工程实行不记名制度出售招标文件，购买招标文件时不必提交任何证明手续。

地点：××市公共资源交易中心报名区。

任务3 房地产项目实施与控制

子任务1 建立房地产项目组织

学习目标

1. 了解房地产项目组织的概念与特点；
2. 了解房地产项目组织设计的基本原则；
3. 了解新型的项目管理组织格局。

学习任务

按照任务实施的相关知识与实施内容的要求，学生可采取自由组合为学习小组的方式，利用课上课外时间对工作任务进行分析，并有针对性地提出解决问题的方法和技巧，根据任务分析理清解决问题的思路，按照任务实训的要求，结合实际调研项目，绘制房地产企业的项目组织结构图，并根据所学理论知识分析各种组织结构图的优缺点。

任务分析

知识点：

1. 了解房地产项目组织结构的类型；
2. 了解房地产项目组织四种基本结构形式的优缺点；
3. 掌握房地产项目四种组织结构的适用条件。

技能点：

1. 能针对房地产项目组织结构设计的缺陷提出改进方案；
2. 能够绘制出房地产项目组织结构图。

态度点：

1. 能主动学习，在完成任务过程中发现问题、分析问题和解决问题；
2. 能与小组成员协商、交流配合完成学习任务；
3. 严格遵守安全规范、学习纪律。

任务实施

1.1 相关知识

建立房地产项目组织就是设计出项目组织的组织结构。房地产项目组织结构对房地产企业的作用犹如人的骨骼形成人体一样，组织结构支撑着企业的框架。在房地产项目开发的过程中每个环节都需要项目组织来进行管理、统筹、推动，也就是说，任何好的项目能否顺利完工，关键是看负责该项目的项目组织是否具有较好的执行力。建立项目组织对于项目而言就起着举足轻重的作用。

一、房地产项目组织的基本概念

1. 组织的概念

组织的概念比较丰富，可以分为广义和狭义。从广义上来说，组织是由多种要素按照一种联系方式组合而成的系统；从狭义上来说，组织是人们为了实现一定的目标，通过分工与协作关系而结合起来的集体或团体。组织这个词语既可以是动词也可以是名词，如"班级组织"就是名词形式，"组织班级活动"则是动词形式。

2. 房地产项目组织的概念

房地产项目组织和一般组织的概念既有相似之处，又存在不同之处，房地产项目组织根据其项目本身的特性，在管理上更强调负责人的作用，强调团队精神。项目工程量的大小和项目持续时间长短也会影响房地产项目组织存在的时间，所以，与一般的组织相比，房地产项目组织存在更大的灵活性和弹性。

二、房地产项目组织的特点

房地产项目组织是房地产项目的参与者、协作者按一定规则构成的有机整体，是项目的行为主体构成的系统。现代房地产项目组织不同于一般的企业团体组织，具有非常复杂的特点。它不仅是由房地产项目的特殊性所决定的，而且它又决定了项目组织设置和运行的基本原则和基本要求，决定了行为主体的组织行为，决定了项目组织、控制、沟通、协调和信息流通的形式。通常情况下，房地产项目组织的特点表现如下：

1. 明确的目的和目标

房地产参与者来自于不同的企业或部门，各自有独立的经济利益和权力目标。在项目的实施过程中，项目的共同目标与不同利益群体的目标以及不同利益群体之间的目标必然会存在不同程度的矛盾。为了完成项目的总目标和总任务，在项目的目标设计、组织实施和运行过程中，必须考虑并顾及不同参与群体的利益，并使各参与者之间能通力合作，同时应给各参与者一定的决定权和一定范围变动的自由，保证各参与者能最有效地工作，使房地产项目取得成功。

2. 组织结构的完整性

房地产项目的工作和任务具有多样性和复杂性，其系统结构对项目组织结构有很大影响，它既决定了项目组织的基本分工，又决定了组织结构的基本形态，所以房地产项目的系统结构决定了项目组织结构的完整性。项目组织结构的不完整或重复繁杂，不仅会增加成本，而且会降低组织运行效率。为了顺利完成项目的所有工作任务，在项目组织设置过程中，可依据项目结构分解设立完整的项目组织结构，并将所有的工作任务无一遗漏地落实到位，防止工作任务和责任的"盲区"产生。

3. 组织形式具有一次性和暂时性

房地产项目组织的寿命与它在项目中所承担任务的时间长短有关，项目结束或相应任务完成后，项目组织就会解散或重新构成其他的项目组织，即使是一些专门从事房地产项目管理的机构，虽然项目管理班子或队伍人员不变，但是由于不同项目有不同的目的、对象和合作者等原因，仍然会引起项目组织的不同。因此，房地产项目组织的一次性和暂时性的特点，是它与一般企业团体组织相区别的显著特征。这一特点对整个房地产项目组织的运行、控制以及各参与者的组织行为等均有重大影响。

4. 项目组织与企业组织之间有强烈的关联性

房地产项目组织的成员通常都有两个角色，他们既是项目的组成成员，又是原所属企业的组成人员，承担着项目和原企业的双重工作任务，有的甚至同时承担多项任务，这些人员要经常变换工作的思维方式，以适应项目和企业的不同的环境，否则会影响工作的数量和质量。不仅如此，企业管理系统与项目管理系统之间也存在着复杂的信息交往问题，企业组织与项目组织之间的任何障碍都可能成为项目失败的原因。所以项目各参与企业对项目产生的影响以及它们之间的复杂关系，对企业自身管理和项目管理都有十分重要的意义。无论是企业内部的项目，还是由多企业参与合作的项目，企业与项目之间都存在着复杂的关系。

(1)项目组织依附于企业组织。企业组织是长期稳定的现存组织，项目组织通常依附于企业组织，项目人员及其他资源常常由企业提供，甚至有的项目由企业部门完成。在这种依附关系的作用下，一方面，项目组织不能修改企业组织；另一方面，企业的运行方式、责任体系、运行机制、分配方式、管理机制及文化氛围直接影响项目的组织行为，企业资源状况在很大程度上影响项目的资源供应状况，影响项目组织的运行。

(2)项目和企业之间存在着一定的责、权、利关系。项目和企业间的这种关系决定了项目组织的独立程度。在项目的实施过程中，既要保证企业对项目的控制，使项目实施和运行符合企业战略和总计划，又要保证项目的自主权，提高项目组织的积极性，这是项目成功的前提条件。所以企业战略对项目的影响很大，项目运行常常会受到上层系统的强烈干预。

5. 项目组织易受到相关部门不同程度的影响

项目组织易受到诸如政府行政主管部门、质检部门、环保部门等相关部门不同程度的影响。这些部门可按有关法律、法规政策、公共准则对项目进行不同程度的干预，也可能由于某些个人因素的影响，存在一些不合理的干预。

6. 项目组织有高度的弹性、可变性

项目组织的这一特点与企业组织刚性大，结构不易变动，运行稳定的特点刚好相反。许多项目因不同的项目组织策略或实施计划，而采用不同的项目组织形式，项目组织成员也会随项目开始和任务承接而进入项目组织，随项目结束和任务完成而退出项目组织。

7. 项目组织没有固定的组织文化

项目的一次性和项目组织的可变性的特点，使项目组织很难像企业组织一样建立自己的组织文化。这给项目的实施与管理带来很大的困难。

8. 其他

项目组织有自身的结构，有多种形式的组织关系，通常有如下几种关系：

(1)专业与行政的关系。这与企业组织关系是相同的，上下之间为专业与行政的领导与被领导的关系。在企业内部的项目组织中，这种组织关系是一种主要的形式。

(2)合同关系。复杂的项目组织是由许多不同隶属关系、不同经济利益、不同组织文化、不同区域、不同地域的单位构成的，它们之间以合同作为组织关系联系的纽带，合同的签订和结束，表示组织关系的建立和脱离，所以项目的合同体系与项目的组织结构有很大程度的一致性。由合同关系确定的项目组织，其任务、工作范围、经济上的责、权、利关系和行为准则等由合同具体规定。虽然与某些项目管理者(如监理工程师由业主委托)没有合同关系，但他们的责任和权利也有明确的划分，行为准则仍由管理合同和承包合同来限定。从房地产项目组织运行和管理体制来看，合同是十分重要的。在一个市场经济体制比较完善的条件下，房地产项目管理者必须通过合同作为必要的手段来运作项目。如果遇到问题，先通过合同、法律、经济手段来解决问题，而不要采用行政手段解决有关问题。

除了合同关系之外，项目参与者在项目实施前，通常还要订立管理规范与行为准则，保证项目各参与者在项目实施过程中能更好地进行相互协调、沟通，保证项目管理者能更有效地控制项目，顺利完成项目总目标。

三、房地产项目组织设计的基本原则

房地产项目具有高投入、高质量要求、时效性、系统性等特征，这些特征都要求房地产项目组织具有高执行力，所以，房地产项目组织结构的设计必须遵循以下原则：

1. 目标统一原则

房地产项目组织结构的设计，其一般过程主要包括三个步骤(图 3-1)。首先在目标划分的基础上进行工作划分，即将组织承担的任务按照总目标进行层层划分，再根据分目标进行工作划分，做到分配的各个工作内容无交叉、无空缺；其次进行工作分类，即将分解得到的诸多内容分为不同的类别，并形成职位和岗位，再确定出人员职责和相应的管理制度；最后，确定不同类别工作之间的关系，形成组织机构。

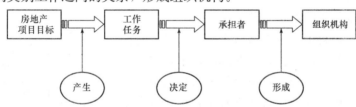

图 3-1　组织机构产生的过程

2. 权责对等原则

房地产项目的参与方很多，由于房地产项目的高收益性，各参与方存在着一种关于责任和权利的制约关系。项目组织设计中，任何一个岗位的设置都要考虑给予该职位的责任和权利的对等关系，如果权利过大而责任偏小就容易造成职权滥用；如果责任过大而权利偏小就会打击该员工的积极性，并且增加了该员工工作开展的难度。因此，各方的权利和责任，通常需要通过合同、规定、计划等文件严格加以限定，以保证大家的权益，保证整个组织高效运行。

3. 管理层次和管理跨度适当原则

管理层次是指一个组织从最高层到最低层所经历的层次数，通常可分为决策层、协调层、执行层和操作层。管理跨度是指一个上级管理者直接管理下级人数的数量。管理层次和管理跨度呈反比关系，即总人数一定的情况下，增加管理跨度会减少管理层次，而减少管理跨度则会增加管理层次。由于个人精力和能力的限制，每个人直接管理下属的人数也不是无限的，通常，有效的管理人数在4～8人。随着组织的发展和市场对企业的要求，组

织结构倾向于扁平化，提倡减少管理层次，因为管理层次过多会引起信息传递延迟和失真，增加沟通成本，使组织对市场的反应灵活性欠佳。

4. 统一指挥原则

要求各级管理组织机构必须服从上级管理机构的命令和指挥，且只服从一个上级领导的命令和指挥，通常是其直属领导。这就要求在管理过程中避免多头领导，若一个下属同时出现两个及其两个以上的上级领导，就会让其无所适从。只有自上而下保证统一指挥才会保证组织沟通畅通，组织运行顺畅。

5. 分工协作原则

房地产项目组织是在分工的基础上建立起来的，合理的分工有利于工作专业化，有利于发挥专业特长，提高工作效率。但是，有效的组织不是单独个体的集合，而是基于一定关系相互连接而成。所以，项目组织不仅要做好横向和纵向之间的分工，也要强调各部门、各岗位的密切协作，只有整个组织统一起来才能实现项目目标。

6. 组织制衡原则

组织制衡是指组织彼此之间的权利形成制约关系，使其中任何一部分权利不可以独占优势，通过组织中各方权利的相互作用来保障组织的总体平衡。例如：美国在政治上实现司法权、行政权和立法权的相对独立，实质就是利用组织制衡的原理。权利的相对独立和相对均衡能够加强权利各方的监督作用，从而促进权利各方更合理的使用权利，防止权利滥用。房地产项目是一个高投入和高收入共存的行业，组织制衡能够使房地产开发的各个阶段的工作成果的检查、评价和审计更为合理，使组织各方职责清楚，加强各方责任心的培养。

四、新型的项目管理组织格局

在现代房地产项目中，由于房地产开发项目本身的复杂性和庞大性，往往涉及许多专业部门，不仅仅是项目建设单位或项目投资单位。本项目任务所指的建立房地产项目组织常指由项目业主成立对工程项目负主要管理责任的项目组织。但是，值得明确的是，现代项目管理已经形成了由政府有关部门、监理单位、承建单位和项目业主等共同监督管理的新格局，图 3-2 所示为新型项目管理组织结构图。

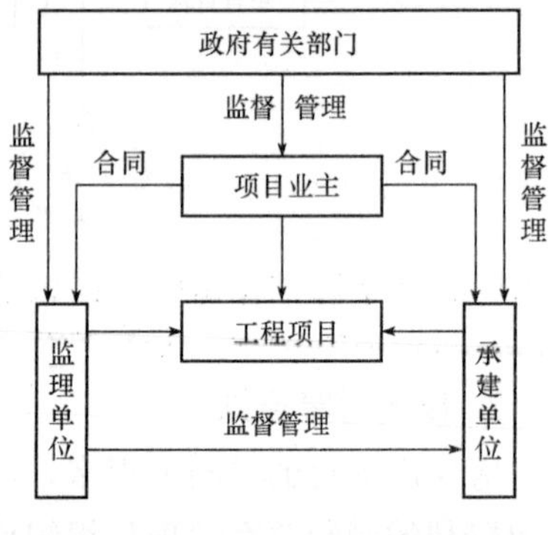

图 3-2　新型项目管理组织结构图

1. 政府有关部门

政府部门通过行政权力，通过立法和执法，从宏观的角度对房地产项目进行强制性的管理。

2. 项目业主

房地产开发和管理主要由项目业主方通过招投标确定工程承包单位（承建单位）。

3. 监理单位

项目业主方委托监理单位协助并监督承建单位，以便可以更加高质量、高效率、低成本的完成整个建设工程。即监理单位通过项目业主的授权对承建单位的建设行为进行监督管理。

4. 承建单位

承建单位由项目业主方招标确定，按设计文件、项目业主方要求完成建设目标，工程质量、进度、安全、环保接受监理单位监督。

5. 合同

合同关系表现为双向关系。项目业主与监理单位和承建单位通过合同确立雇佣关系，而监理单位则负责代替项目业主在施工过程中监督和协助承建单位施工。

这样形成了项目业主、监理单位和承建单位相互监督、相互制衡的关系，即三角鼎立的格局，这种三角管理模式与国际上项目管理模式接轨。

1.2 实施内容

一、目的

目前，房地产项目组织结构呈现多种形式，有些组织结构属于某一种类型，有些组织结构则是几种类型的综合体或者衍变而成。房地产项目组织结构和一般的组织结构相似，具有最基本的四种形式，即直线型组织结构、职能型组织结构、直线职能型组织结构和矩阵型组织结构。本项目任务要求在掌握四种基本项目组织结构的基础上，结合实际项目情况，研究分析其原有的组织结构设计是否科学合理，提出改进该项目组织结构的方案，并绘制出科学合理的组织结构。

二、房地产项目组织结构形式

1. 直线型房地产项目组织结构

直线型是最简单的组织结构形式。在这种组织结构中不设立专门的职能部门，各职位按直线排列，项目经理直接进行单线垂直领导，每个部门只有唯一一个指令源和一个直接上级部门。图 3-3 所示为直线型房地产项目组织结构。

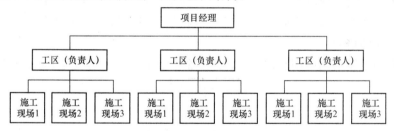

图 3-3 直线型房地产项目组织结构

直线型组织机构的主要优点是结构简单，权力集中，接受任务快，信息传递迅捷，隶属关系明确，决策迅速。但是由于缺乏职能部门，领导的决策缺少参谋，对最高领导素质要求较高，需要全能式的人才。另外，由于管理缺乏专业化，不利于管理水平的提高。

这种组织结构适用于任务较为简单的中小型项目或房地产的现场作业管理。

2. 职能型房地产项目组织结构

职能型组织结构是在组织中设置若干职能专门化的部门，各职能部门分别履行一定的管理职能，从自身职能角度对下级进行管理。在该种组织结构中各级领导指挥各职能部门，各职能部门在其自身职责范围内都有权指挥下级，图 3-4 所示为职能型房地产项目组织结构。

职能型组织机构的主要优点是进行了专业分工，发挥了各类专门人才在项目管理中的作用，管理人员工作单一，提高了管理效率，有助于减轻直线领导的负担；其缺点是各职能部门都具有直接指挥权，不利于统一指挥，容易形成多头领导，让下属无所适从。

这种组织结构主要适用于中小型的、产品品种比较单一、生产技术发展变化较慢、外部环境比较稳定的企业。

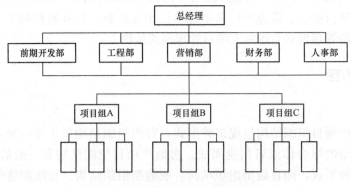

图 3-4 职能型房地产项目组织结构

3. 直线职能型房地产项目组织结构

直线职能型组织结构结合了直线型和职能型两种类型的组织特点，既保留了直线型统一指挥的优点，又保留了职能型的职能机构，而直线职能型的职能部门不直接指挥下级，职能部门只作为本层领导的参谋，在其范围内从事管理工作，其决定权仍然归属于直线领导。图 3-5 所示为直线职能型房地产项目组织结构。

直线职能型组织结构既有集中统一指挥的优点，实现集中领导；又具有职能分工的专业化长处，各级直线领导具有专业化的参谋和助手，减轻领导负担，实现专业化管理。但是该种组织结构各职能部门之间联系较差，不利于部门之间的横向合作和协调；也不利于综合型高级人才的培养。

直线职能型组织结构应用非常广泛，许多企事业单位都采用该种组织结构形式。

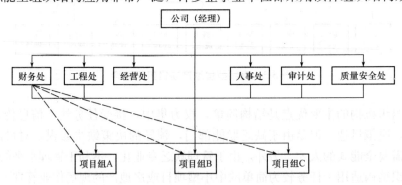

图 3-5 直线职能型房地产项目组织结构

4. 矩阵型房地产项目组织结构

矩阵型房地产项目组织结构是一种把按职能划分的部门同按工程项目或产品划分的部门按照矩阵方式结合起来的组织形式。在某一项目中每个员工可能既受到职能部门的领导，同时又受到项目经理的领导。图 3-6 所示为矩阵型房地产项目组织结构。

矩阵型组织机构的主要优点是比单一结构能更有效地利用资源；加强了各部门的横向沟通，提高了员工的个人素质和综合能力；对环境的变化具有更好的灵活性和适应性。但是双重领导容易使员工无所适从；职能部门领导容易和项目领导产生矛盾；需要更多时间讨论和参会；需要进行人际关系培训。

这种组织结构形式适用于同时承担多个项目管理的企业或大型、复杂的施工项目。

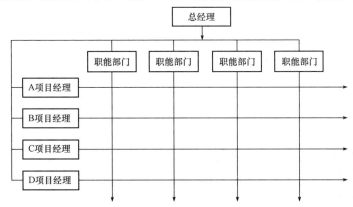

图3-6 矩阵型房地产项目组织结构

【案例讨论】

某通信设备制造商承担了一项交钥匙工程，针对项目特点设计了项目组织。项目中设立项目副经理和项目总工程师，协助项目经理分管一些业务，项目经理直接管理六个下级，分别为客户经理、合同管理、项目会计、法律顾问、采购经理、订单管理，其中项目会计、法律顾问和采购经理可以进行远程支持。项目副经理的直接下级是文档经理和施工经理，各个分包商（分包商1和分包商2）归项目副经理分管，但由施工经理负责监督分包商现场工作。项目总工程师的直接下级是质量管理、设计经理。

请根据案例背景绘制该施工项目的组织设计图。

1.3　任务实训

工作任务	绘制×××房地产项目组织结构图		学时	4
姓　名		学　号		班　级		日　期	

任务描述：根据房地产项目结构组织设计的理论知识和相关资料的准备，查阅不同类型的房地产项目组织结构设计案例，结合实际房地产项目的实地调研，研究分析其原有的组织结设计是否科学合理，提出改进该项目组织结构的方案，绘制出科学合理的组织结构图，并分析该组织结构的优缺点。

1. 咨询（课外完成）

(1)调查一家房地产企业，了解该房地产企业基本情况，阐述其开发项目的概况。

(2)相关问题

①研究分析所调查的房地产企业开发项目的组织机构设置情况。

②阐述其组织机构包括哪些部门？每一部门包括哪些岗位？岗位职责是什么？

③每个部门的直接上级部门是什么？该部门的下级部门有哪些？

2. 决策（课外完成）

分析其原有的组织结构设计是否科学合理，提出改进该项目组织结构的方案。

3. 计划

进行项目编组，项目小组人员数一般以5～7人为宜。根据老师布置的实训任务与要求核对各组资料准备情况。

4. 实施

(1)绘制×××房地产项目组织结构图。

(2)分析其组织结构的优缺点。

(3)制作 PPT 进行展示与交流。

5. 检查及评价

考评项目(100 分)		自我评估	组长评估	教师评估	备注
素质考评 20	劳动纪律 5				
	积极主动 5				
	协作精神 5				
	贡献大小 5				
实训考评 20					
总结分析 20					
综合评价 40					

★ 相关案例 3-1 某房地产公司的组织结构案例

【背景资料】

某地产公司 A 创立于 1989 年,由王某等五个年轻人创立。据 A 公司一位高层人员介绍,创业开始,王某等与公司的每个员工都保持一种很深的交情,甚至同住同吃同玩。大家都感觉得到 A 公司就是一个大家庭,"有福同享,有难同当",公司的凝聚力很强。这时采用直线职能型这种结构模式,使 A 公司在创业初期得到快速稳定的发展。

十几年后,五位创始人使 A 公司从一个名不见经传的地产公司发展成为楼盘遍布全国的大型房地产开发企业。

然而,随着 A 公司的壮大,原来的组织结构设置显得有点力不从心。此时,再按前面那位高层人士的话说,王某不可能再与公司的每一个员工同吃同住同玩,原来所采用的领导方式也发生了变化。

随着公司的发展,由地区到全国,公司的员工数已接近万人,直线职能型的弊端更加暴露无遗。为了完成集团公司预定的利润额,分公司都喜欢把精力放在销量较好的高层开发上,而忽略对市场需求做详细的评估,造成生产过剩。更糟糕的是,各个职能部门仅仅关注自身利益,横向沟通困难,公司发展缺乏统筹和长期规划,他们只考虑不断扩大开发规模,不断拿地,而忽略项目品质和服务提升。

近几年来,伴随着地产行业竞争加剧和市场需求下降的双重挑战,A 公司的利润额急剧下降,王某肯定不愿看到这种局面,因此,寻求变化势在必行,其中组织结构模式的改革就是为适应新形势的举措之一。

【问题】

1. 为什么 A 公司设置的早期组织结构模式是有效的,而后来却不适应了?

2. 结合本案例,谈谈直线职能型这种结构模式的优缺点。

3. 思考是否存在一种完美无缺的组织结构模式?

4. 如果你是老王,你准备怎么改革?

子任务 2　房地产项目进度管理

学习目标

1. 了解房地产项目进度目标的构成；
2. 了解房地产项目进度计划的构成；
3. 了解房地产项目施工进度计划的表示方式和内容。

学习任务

按照任务实施的相关知识与实施内容的要求，学生可采取自由组合为学习小组的方式，利用课上课外时间对工作任务进行分析，并有针对性地提出解决问题的方法和技巧，根据任务分析理清解决问题的思路，按照任务实训的要求，结合相关项目实例完成任务实训的内容，对实训效果进行自我评价，提出可行性建议。

任务分析

知识点：

1. 了解单代号网络图和双代号网络图时间参数计算方法；
2. 了解绘制网络图的基本规则；
3. 掌握编制横道图和网络图的基本步骤。

技能点：

1. 能根据项目实例绘制出横道图并且阐述进度检查结果；
2. 能根据给出网络计划工作之间的逻辑关系绘制出双代号网络图，找出关键线路、关键工作，并计算总工期。

态度点：

1. 能主动学习，在完成任务过程中发现问题、分析问题和解决问题；
2. 能与小组成员协商、交流配合完成学习任务；
3. 严格遵守安全规范、学习纪律。

任务实施

2.1　相关知识

在影响房地产项目成功的诸多因素中，进度计划通常排在首位。在房地产项目进度、质量和成本三个主要目标中，进度是一个显性的目标，进度信息对每个房地产项目利益相关者都是透明的，项目进度提前还是延误，项目利益相关者都能清楚地知道。我国普遍存在片面追求项目进度的不良倾向，抢进度可以说成为一种习惯或是项目文化，项目经理面临的头等大事是如何保证进度目标。

管理的首要工作是计划，进度计划是做好进度管理的基础，也是进度控制的依据。进度管理的主要内容是采取适当的进度管理方法和工具，制定严密合理的进度计划。

一、房地产项目进度管理的含义

对于房地产项目来说，项目进度管理主要是指根据目标的要求，依据合同文件和有关规定要求，对工程项目各阶段的工作内容、工作程序、持续时间和衔接关系编制计划，将该计划付诸实施，在实施的过程中经常检查实际进度是否按计划进行，对出现的偏差分析原因，采取补救措施或调整、修改原计划，直至工程竣工，交付使用。

房地产项目进度管理得好与不好，将直接影响到整个项目的成本投入，包括设计成本、建造成本、销售成本及其他相关隐性成本及机会成本等。房地产开发项目的进度，不仅能够确保其按预定的时间交付使用，及时发挥投资效益，而且有益于维持国家良好的经济秩序。因此，应用科学合理的方法和手段来管理房地产开发项目的建设进度。房地产项目进度管理的最终目的是确保项目工期目标的实现。

二、房地产项目进度目标的构成

房地产项目的顺利完工依赖于总进度目标的实现，而总进度目标的实现又依赖于各阶段进度目标的实现。通常，项目进度目标主要分为总进度目标和阶段性目标。

1. 房地产开发项目总进度目标

房地产开发项目总进度目标是整个项目的进度目标，该目标是在项目决策阶段项目定义时决定的。通常，总进度目标可以划分为设计阶段的进度目标、施工阶段的进度目标和采购阶段的进度目标，也可根据以上三个阶段进行初步细分。如在项目的施工阶段，可分为招标工作进度、施工前准备工作进度、工程施工和设备安装工作进度等。

2. 房地产开发项目阶段性目标

在总进度目标的基础上，阶段性目标根据总进度目标进行划分，阶段性目标的实施与控制要以不影响总进度目标的实现为前提。例如，项目设计总进度目标，落实到阶段性目标可分为：①设计准备工作进度；②规划设计工作进度；③初步设计工作进度；④施工图设计工作进度；⑤工程建设阶段工作进度。并且以上五个阶段又可以根据所处组织级别或者工作时间分为更细小的分目标，总目标可以分解为许多很小的分目标，每个分目标的顺利实现才能保证总目标的实现。

三、房地产项目进度计划的构成

房地产开发项目进度目标的确定为房地产开发项目进度计划的编制提供支撑，即无论是房地产项目总进度计划还是阶段（单位工程）的分进度计划都是为了保证进度目标的顺利实现而制定的。

1. 房地产项目施工总进度计划

(1)房地产项目施工总进度计划的含义。大型的房地产开发项目往往是由多个单项工程或单位工程组成，形成一个建筑群，即群体项目。为了保证项目目标的实现，通常会将建设项目进行分解，将分解的各项工作落实到各个施工队伍完成。各个施工队伍的工作虽然相对独立，但由于建设项目的整体性与系统性，项目分解的各项工作之间存在技术、空间、组织及职能管理等界面关系。为了便于统一管理和整体规划，便于房地产开发项目总进度目标的实现，则需要制定房地产项目施工总进度计划，施工总进度计划的制定也是为了整个施工过程进度的控制。

（2）房地产项目施工总进度计划的特点。房地产项目施工总进度计划应着重于施工项目管理的综合性、整体性和协调性。其具体如下特点：

①综合性。房地产项目施工总进度计划是施工项目最高层次的进度计划，反映施工项目总体施工安排和部署，满足施工项目的总进度目标要求，是各个分进度目标的有机结合，具有一定的内在规律。

②整体性与协调性。房地产项目施工总进度计划要反映下级计划的彼此联系，解决各单项工程、单位工程、各个分包合同之间的界面关系。如在住宅小区中，对住宅与文教、娱乐、商业服务设施及基础设施的先后顺序、搭接关系，必须在保证交付进度的前提下，进行合理安排。

③复杂性。房地产项目施工总进度计划不仅涉及施工项目内部队伍组织、资源调配和专业配合，还涉及市场条件、社区、政府等的协调问题，并且满足自然条件的限制，因而涉及面广，关系错综复杂。

2. 房地产项目单位工程施工进度计划

房地产项目单位工程施工进度计划是在房地产项目施工总进度计划的指导下，以单位工程为对象进行工作任务分解，在既定施工方案的基础上，按照施工总进度计划确定的工期或合同规定的工期要求，根据资源的供应条件，遵守各施工过程的合理顺序及组织施工的原则，运用横道图或网络计划，对单位工程从开始施工到竣工，确定其全部施工过程在时间上和空间上的安排以及相互间的配合关系。

四、房地产项目施工进度计划编制

房地产项目施工进度计划的表示方法有很多，常用的有横道图和网络图两种表示方法。

1. 横道图

横道图又叫甘特图，它是一种传统的表示方法，有表格和坐标两种形式，通常横坐标表示时间尺度（如年、季、月、周、旬、日、小时、分等）；纵坐标表示项目、活动、任务、阶段、工艺等，常按照施工先后顺序自上而下排列。横道图通过横纵坐标相互交叉部分表示该特定项目的活动顺序与持续关系，横道图的基本形式如图 3-7 所示。

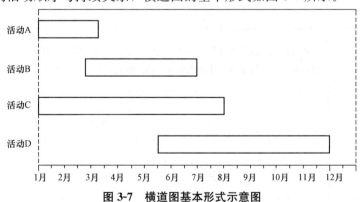

图3-7 横道图基本形式示意图

横道图因具有简单明了、直观易懂、使用方便的特点受到很多人的青睐。但是，横道图的使用也存在一定的局限性，主要表现在以下几个方面：

（1）不能明确地反映出各项工作之间错综复杂的相互关系，不利于建设工程进度的动态控制。

（2）不能明确地反映出影响工期的关键工作和关键线路，也就无法反映出整个工程项目的关键所在，因而不便于进度控制人员抓住主要矛盾。

（3）不能反映出工作所具有的机动时间，看不到计划的潜力所在，无法进行最合理的组织和指挥。

（4）不能反映工程费用与工期之间的关系，因而不便于缩短工期和降低工程成本。

2. 网络图

网络图是房地产项目建设进度控制的最有效工具，网络图适用于房地产项目建设各阶段的进度控制，能够弥补横道图计划的许多不足。

网络图是指由箭线、节点和线路组成的有向、有序的网状图形。它用来表示工作的先后逻辑关系、制约或依赖关系，并标注时间参数用以表示工作所消耗时间，通过计划的编制和相应的管理手段控制各阶段的进度。箭线（工作）、节点和线路也称为网络图的三要素。网络图三要素的相关概念分别见表 3-1～表 3-3。

表 3-1　箭线（工作）

概　念	指可以独立存在，需要消耗一定时间和资源，能够定义名称的活动；或只表示某些活动之间相互依赖、相互制约的关系，而不需要消耗时间、空间和资源的活动
类　型	（1）需要消耗时间和资源的工作。 （2）只消耗时间而不消耗资源的工作。 （3）不需要消耗时间和资源、不占有空间的工作
表示方法	（1）实工作：它是由两个带有编号的圆圈和一个箭杆组成。 i ——工作名称/持续时间—→ j （2）虚工作：既不消耗时间，又不消耗资源 i - - - - - 0 - - - - -→ j

表 3-2　节点

概　念	指箭杆引入或引出处带有编号的圆圈。表示前面工作的结束或后面工作的开始，不消耗时间和资源；标志着工作的结束或开始的瞬间；两个节点编号表示一项工作
节点种类	
节点与工作的关系	

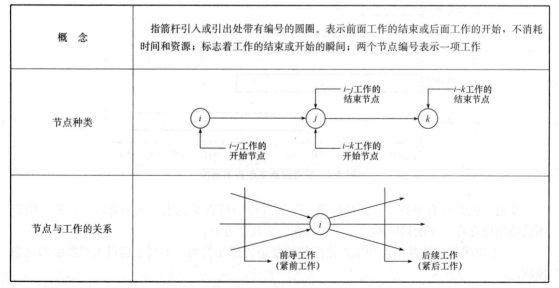

· **86** ·

表 3-3　线路

概　念	指网络图中从起点节点开始，沿箭线方向连续通过一系列箭线与节点，最后到达终点节点的通路
线路时间	指线路所包含的各项工作持续时间的总和
关键线路	指线路图中持续时间最长的线路。 (1)关键线路的线路时间代表整个网络计划的计划总工期。 (2)关键线路上的工作都称为关键工作。 (3)关键线路没有时间储备，关键工作也没有时间储备。 (4)在网络图中关键线路至少有一条。 (5)当管理人员采取某些技术组织措施，缩短关键工作的持续时间就可能使关键线路变为非关键线路
非关键线路	指除了关键线路的其他线路。 (1)非关键线路的线路时间只代表该条线路的计划工期。 (2)非关键线路上的工作，除了关键工作之外，都称为非关键工作。 (3)非关键线路有时间储备，非关键工作也有时间储备。 (4)管理人员由于工作疏忽，拖长了某些非关键工作的持续时间，就可能使非关键线路转变为关键线路

常用的网络图计划主要有双代号网络图和单代号网络图两种。双代号网络图是以箭线及其两端节点的编号表示工作的网络图，常在其箭线上方标出其工作名称，下方标出该项工作持续时间。单代号网络图是用节点及其编号表示工作，以箭线表示工作之间的先后逻辑关系，并在节点中标出工作代号、工作名称和持续时间。

网络图的优点非常明显，它能全面而明确地反映各施工过程之间相互联系、相互制约的逻辑关系；通过时间参数的计算，能够找出关键施工过程和关键线路，便于管理者抓住主要矛盾；通过时间参数的计算，可以对网络计划进行调整和优化。网络图计划有普遍的适用性，特别对复杂的大型项目更能显示出它的优越性。

2.2　实施内容

编制房地产项目进度计划有利于项目进度的实施与控制，房地产建设项目进度管理的方式以横道图和网络图最为常见。该项目任务要求通过实例具体剖析，分析横道图的概念及编制方法，了解网络图的概念、功能、绘制的基本规则及编制网络图的基本步骤，掌握这两种方法的编制技巧。对于横道图，要学会绘制计划进度、实际进度，同时能够根据检查时间阐述进度情况(延误还是提前)；对于网络图，要求在了解单代号网络图的基础上掌握双代号网络图的绘制方法，能够计算出总工期并找出项目的关键线路和关键工作，根据项目进度情况提出相应的建议和管理措施，对项目进度进行合理的控制。

一、横道图

1. 横道图的编制步骤

在房地产项目施工中检查实际进度收集的信息，经整理后直接用横道线并列标于原计划的横道线，进行直观比较，根据分析结果指导施工的实施。横道图的具体编制步骤如下：

(1)编制横道图进度计划。绘制计划进度，在进度计划上标出检查日期。

(2)绘制实际进度。将检查收集的实际进度数据，按比例涂黑或用不同颜色的粗线标于计划进度线的下方或与之重合。

(3)比较分析实际进度与计划进度。根据设定的检查时间分析进度实施情况，有以下三种表现形式：

①涂黑的粗线右端与检查日期相重合，表明实际进度与施工计划进度相一致。

②涂黑的粗线右端在检查日期左侧，表明实际进度拖后。

③涂黑的粗线右端在检查日期的右侧，表明实际进度超前。图 3-8 所示为表格形式的横道图编制效果。

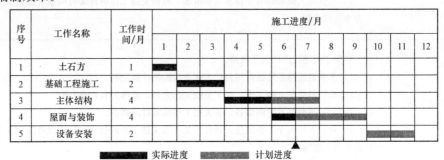

图 3-8　表格形式的横道图编制效果

根据图 3-8 分析可见，检查日期为第六月末，此时，土石方已完工；基础工程施工已完工；主体结构落后 1 个月(即实际进度比计划进度落后 1 个月)；屋面与装饰无偏差(计划进度和实际进度一致)；设备安装工期尚未开始。

2. 横道图的适用条件

横道图的应用方面，因其自身的局限性受到一定的限制，通常仅适用于如下场合：

(1)适用于某些小型的、简单的、由少数活动组成的项目计划。

(2)适用于大中型项目或复杂项目计划的初期编制阶段，此时，项目内复杂的内容尚未揭示出来。

(3)适用于只需要了解粗线条的项目计划的高层领导。

(4)适用于宣传报道项目进度形象的场合。

二、网络图

1. 双代号网络图的绘制规则

(1)正确地表达逻辑关系，如图 3-9 所示。

①A、B 两项工作从左至右依次进行，如图 3-9(a)所示。

②A、B、C 三项工作同时开始或 A、B、C 三项工作同时结束，如图 3-9(b)、(c)所示。

③A、B、C、D 四项工作，A 完成后 C 开始，A、B 完成后 D 开始，如图 3-9(d)所示。

④A、B、C、D、E 五项工作，A、B 完成后 C 开始，B、D 完成后 E 开始，如图 3-9(e)所示。

(2)严禁出现循环线路，如图 3-10 所示。

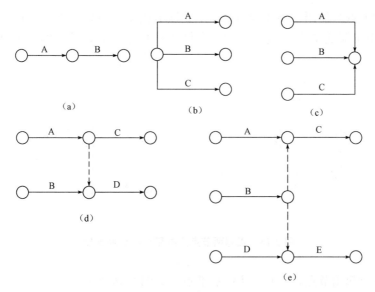

图 3-9 正确地表达逻辑关系

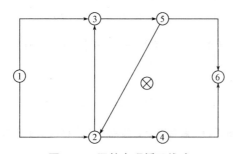

图 3-10 严禁出现循环线路

(3)严禁出现带双向箭头或无箭头的连线，如图 3-11 所示。

图 3-11 双向箭头或无箭头的连线

(4)绘制网络图时，箭线不宜交叉，如图 3-12(a)所示；当交叉不可避免时，可用过桥法或指向法，如图 3-12(b)、(c)所示。

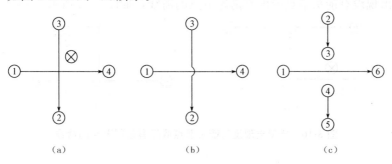

图 3-12 箭线交叉、过桥法、指向法

(a)箭线交叉；(b)过桥法；(c)指向法

(5)相邻两节点只能用一条箭线连接，不允许出现编号相同的节点。节点编号必须按箭尾节点的编号小于箭头节点的编号编制。大体遵循从左至右，从上至下依次编号的原则。如图 3-13 所示。

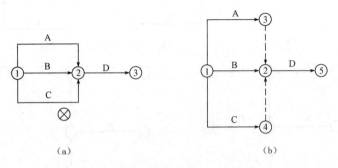

图 3-13　相邻两节点只能用一条箭线连接

(6)只有一个起始节点，只有一个终点节点，如图 3-14 所示。

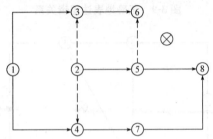

图 3-14　起始节点、终点节点的错误表示方法

(7)严禁在箭线上引入或引出箭线，如图 3-15 所示。

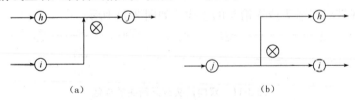

图 3-15　严禁在箭线上引入或引出箭线

(8)严禁出现没有箭头节点或没有箭尾节点的箭线，如图 3-16 所示。

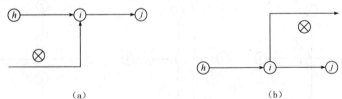

图 3-16　严禁出现没有箭头节点或没有箭尾节点的箭线

(9)箭线应以水平线为主，竖线和斜线为辅，不应画成曲线。箭线宜保持自左向右的方向，不宜出现箭头指向左方的水平箭线或箭头偏向左方的斜向箭线，如图 3-17 所示。

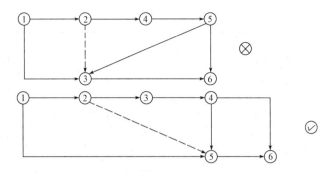

图 3-17　箭线的线型和箭头的指向画法

2. 双代号网络图的绘制方法

先根据题目的已知条件画出图形,再检查图形是否绘制正确(尤其要检查前后逻辑关系),确认无误后进行编号,如图 3-18 所示。

【例 3-1】　根据表 3-4 绘制双代号网络图。

表 3-4　网络计划工作及逻辑关系表

工　作	A	B	C	D	E
紧前工作	—	—	A	A、B	B

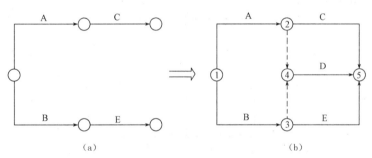

图 3-18　双代号网络图画法

【练习】　根据表 3-5 绘制双代号网络图。

表 3-5　某网络计划工作及逻辑关系表

工　作	A	B	C	D	E	F
紧前工作	—	—	A	A	B	C、D

3. 双代号网络图的时间计算

(1)网络计划的时间参数及时间的代表符号,见表 3-6。

表 3-6　网络计划的时间参数及代表符号

参数	名称	符号	英文单词
工期	计算工期	T_c	Computer time
	要求工期	T_r	Require time
	计划工期	T_p	Plan time

参数	名称	符号	英文单词
工作的 时间参数	持续时间	D_{i-j}	Day
	最早开始时间(早始)	ES_{i-j}	Earliest Starting Time
	最早完成时间(早结)	EF_{i-j}	Earliest Finishing Time
	最迟完成时间(完结)	LF_{i-j}	Latest Finishing Time
	最迟开始时间(完始)	LS_{i-j}	Latest Starting Time
	总时差	TF_{i-j}	Total Float Time
	自由时差	FF_{i-j}	Free Float Time

（2）采用工作计算法计算各工作的时间参数。

【例 3-2】 根据表 3-7 绘制双代号网络图，并采用工作计算法计算各工作的时间参数。

表 3-7 某网络计划工作及工作持续时间逻辑关系表

工 作	A	B	C	D	E	F
紧前工作	—	A	A	B	B、C	D、E
时间	2	5	3	4	8	5

第一，根据题目的逻辑关系绘制出正确的双代号网络图，并将每个工作持续的工作时间标注出来，如图 3-19 所示。

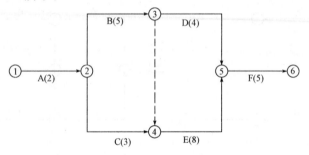

图 3-19 双代号网络图(a)

第二，计算工作的最早开始时间 ES_{i-j}（各紧前工作全部完成后，本工作可能开始的最早时刻），如图 3-20 所示。

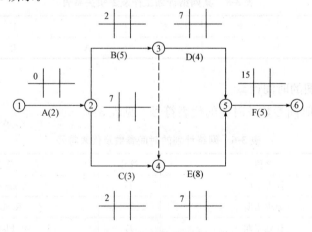

图 3-20 双代号网络图(b)

（1）起始工作的最早开始时间，如无规定，定为0。

（2）其他工作的最早开始时间按"顺箭头相加，箭头相碰取大值"计算。

第三，计算工作的最早完成时间 EF_{i-j}（各紧前工作全部完成后，本工作可能完成的最早时刻），如图3-21所示。

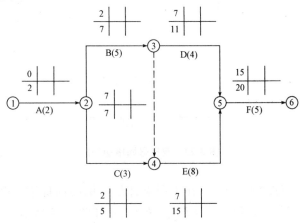

图3-21 双代号网络图（c）

（1）$EF_{i-j}=ES_{i-j}+D_{i-j}$

（2）计算工期 T_c 等于一个网络计划关键线路所花的时间，即网络计划结束工作最早完成时间的最大值，即 $T_c=\max\{EF_{i-n}\}$。

（3）当网络计划未规定要求工期 T_r 时，$T_p=T_c$。

（4）当规定了要求工期 T_r 时，$T_c \leqslant T_p$，$T_p \leqslant T_r$。

第四，计算工作最迟完成时间 LF_{i-j}（在不影响计划工期的前提下，该工作最迟必须完成的时刻）（逆推），如图3-22所示。

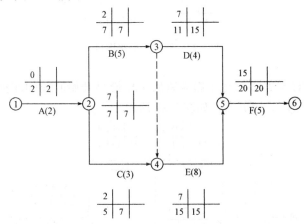

图3-22 双代号网络图（d）

（1）结束工作的最迟完成时间 $LF_{i-j}=T_p$，因未规定要求工期 T_r 时，所以 $T_p=T_c=20$。

（2）其他工作的最迟完成时间按"逆箭头相减，箭尾相碰取小值"计算。

第五，计算工作最迟开始时间 LS_{i-j}（在不影响计划工期的前提下，该工作最迟必须开始的时刻），$LS_{i-j}=LF_{i-j}-D_{i-j}$，如图3-23所示。

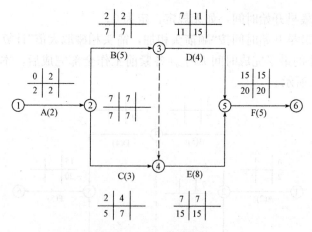

图 3-23 双代号网络图(e)

第六，计算工作的总时差 TF_{i-j}（在不影响计划工期的前提下，该工作存在的机动时间），$TF_{i-j}=LS_{i-j}-ES_{i-j}$ 或 $TF_{i-j}=LF_{i-j}-EF_{i-j}$，如图 3-24 所示。

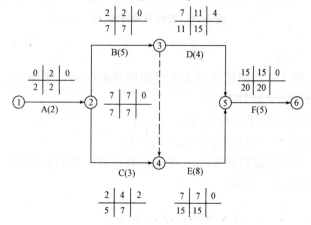

图 3-24 双代号网络图(f)

第七，计算自由时差 FF_{i-j}（在不影响紧后工作最早开始时间的前提下，该工作存在的机动时间），$FF_{i-j}=ES_{j-k}-EF_{i-j}$，如图 3-25 所示。

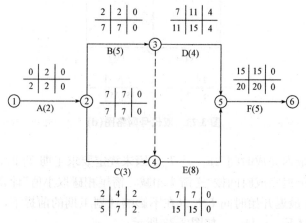

图 3-25 双代号网络图(g)

计算规则总结：顺加取大，逆减取小。图 3-26 所示为网络图计算规则示意图。

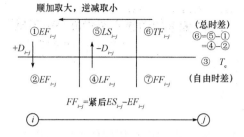

图 3-26　网络图计算规则示意图

4. 单代号网络图的绘制规划

单代号网络图的绘制规则和双代号网络图绘制规则相似，因其没有虚箭线，单代号网络图的绘制要比双代号网络图更简单。

(1)单代号工作的表示方法。用一个圆圈或方框代表一项工作，工作代号、名称、持续时间都标注在圆圈或方框内，箭线仅表示工作之间的逻辑关系。由于一项工作只用一个代码表示，"单代号"的名称由此而来。单代号工作的表示方法如图 3-27 所示。

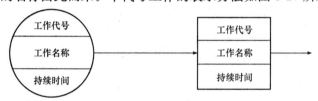

图 3-27　单代号工作表示法

(2)单代号网络计划图时间参数标注方法如图 3-28 所示。

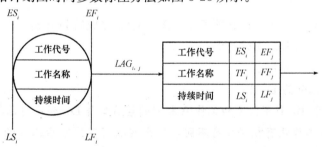

图 3-28　单代号网络计划图时间参数标注方法

①LAG 表示该工作与紧后工作的时间间隔，$LAG_{i-j}=ES_j-EF_i$。

②单代号可在箭线上表示出一些特殊的逻辑关系，如常用的搭接关系可用 FS、SS、FF、SF 表示。FS 表示前一工作完成后，后续工作才能开始；SS 表示前一工作开始后，后续工作才能开始；FF 表示前一工作完成后，后续工作才能完成；SF 表示前一工作开始后，后续工作才能完成。

单代号网络图时间参数的含义和双代号网络图中的时间参数含义一致，其计算总工期和寻找关键线路的方法与双代号网络图相似，这里不再重复阐述。

【知识拓展】在双代号网络图中什么情况下需要设置虚工作？

已知工作 A、B，其紧后工作存在三种情况：

- 紧后工作完全相同×
- 紧后工作完全不同×
- 紧后工作既有相同，又有不同√

【例3-3】 A、B、C、D、E五项工作，A、B完成后C开始，B、D完成后E开始。

【解析】 工作A有紧后工作C

工作B有紧后工作C、E

工作D有紧后工作E

那么，工作A和B，B不仅有和工作A相同的紧后工作C，还有自己特有的紧后工作E，所以A和B的紧后工作既有相同又有不同，那么就从有不同紧后工作的那项工作(即B)开始作虚箭线，B工作的结束节点作为虚工作的开始节点，向A工作的结束节点作一条虚箭线；同理，工作B和D，B不仅有和工作D相同的紧后工作E，还有自己特有的紧后工作C，所以B和D的紧后工作既有相同又有不同，那么就从有不同紧后工作的那项工作(即B)开始作虚箭线，B工作的结束节点作为虚工作的开始节点，向D工作的结束节点作一条虚箭线。经分析做出的双代号网络图如图3-29所示。

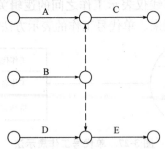

图3-29　双代号网络图

【例3-4】 A、B、C、D、E五项工作，A、B、C完成后D开始，B、C完成后E开始。

【解析】 工作A的紧后工作为D

工作B的紧后工作为D、E

工作C的紧后工作为D、E

那么，工作A和B，B不仅有和工作A相同的紧后工作D，还有自己特有的紧后工作E，所以A和B的紧后工作既有相同又有不同，那么就从有不同紧后工作的那项工作(即B)开始作虚箭线，B工作的结束节点作为虚工作的开始节点，向A工作的结束节点作一条虚箭线；工作B和工作C，他们具有相同的紧后工作D和E，所以他们中间不需要加虚工作。经分析做出的双代号网络图如图3-30所示，仅有一条虚箭线。

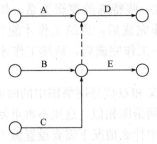

图3-30　双代号网络图

2.3 任务实训

工作任务 1		根据项目实例绘制横道图		学时	2
姓　名		学　号	班　级	日　期	

任务描述：能够根据给定的项目实例内容绘制出计划进度、实际进度，并能够正确分析在某检查时刻各项活动的进度情况。

1. 项目实例

某房地产企业的开发项目中楼房建安工程的施工工作计划及工作时间(时间均在2014年)如下：

A. 基础工程：　　　　　　　　　　工作量3个月(1—3月)

B. 主体工程：　　　　　　　　　　工作量8个月(3—10月)

C. 屋面及外装饰工程：　　　　　　工作量6个月(6—11月)

D. 内装饰工程：　　　　　　　　　工作量4个月(8—11月)

E. 室内水电及职能化安装工程：　　工作量4个月(9—12月)

要求：请画出横道图。

第10月末检查实际工作进度，结果如下：

A. 基础工程：　　　　　　　　　　完工

B. 主体工程：　　　　　　　　　　完成7个月(3—9月)工作

C. 屋面及外装饰工程：　　　　　　完成5个月(6—10月)工作

D. 内装饰工程：　　　　　　　　　完成5个月(8—11月)工作

E. 室内水电及职能化安装工程：　　完成2个月(9—10月)工作

(1)要求：请在横道图上表示出实际工作进度，并分析在第10月末各项活动的进度情况。

(2)相关问题

①分析横道图的优缺点。

②绘制横道图的步骤有哪些？

③根据进度检查结果提出建议。

2. 检查及评价

考评项目(100分)		自我评估	备注
能力评考	绘制计划进度20		
	绘制实际进度20		
	进度结果分析40		
	相关问题回答20		

工作任务 2		根据项目实例绘制双代号网络图		学时	2
姓　名		学　号	班　级	日　期	

任务描述：根据网络计划工作之间的逻辑关系，结合实施内容中阐述的绘制规则，绘制双代号网络图，分析如何判定关键线路，阐述关键线路的作用是什么，并确定关键线路与关键工作，计算其总工期。

1. 题目

(1)已知网络计划工作之间的逻辑关系及持续时间如下表所示，要求：

①绘制双代号网络图；②判定关键线路，找出关键工作；③计算总工期。

工作	A	B	C	D	E	F	H	I	K
紧前工作	—	—	—	ABC	BC	C	E	EF	ED
持续时间	4	3	3	5	2	3	6	5	3

(2)相关问题

①分析如何判定关键线路？

②由关键工作组成的线路一定是关键线路吗？为什么？

③关键线路和非关键线路可以相互转换吗？

2. 检查及评价

考评项目(100 分)		自我评估	备注
能力考评	绘制双代号网络图 40		
	判定关键线路及关键工作 20		
	计算总工期 20		
	相关问题回答 20		

相关案例 3-2　某项目机电安装工程的进度控制案例

【背景资料】

嘉华装修工程公司承担了北方机场 2 号航站楼机电设备安装工程，总工期 1 年，计划当年 12 月竣工。公司任命施工经验丰富的章云飞担任项目经理，为项目团队配备了必要的人力及设备。章经理带领骨干成员编制了完整的施工进度计划和物料供应计划。在实施过程中，政府领导来现场视察，提出为了向国庆节献礼务必于国庆节前完工，根本不考虑合同条款及施工技术难度。甲方随即正式通知章经理变更竣工时间，要求项目团队按照新的工期安排施工。

【进度计划调整方案】

章云飞经理领导的团队必须挤出 2 个月时间，面临极大的压力，他迅速做出了施工安排，重新制定后续工作的计划。

1. 在关键路线上加强施工力量

嘉华公司在该城市有 5 个装修工程在施工，章云飞经理向公司申请临时从其他项目中抽调人员支援机场项目，尤其是调派技术工人。公司积极的在项目间进行协调，保证了机场项目的人员需求。

2. 要求供应商提前供应材料与设备

对于通用材料，嘉华公司首先进行项目之间的资源协调，将原计划发给另一个项目的材料调拨给机场项目。对于专用材料，嘉华公司在该市承揽项目多年，与一批供应商形成了良好的合作关系，对供应商加急采购的行为能够理解并支持，并想方设法降低供应成本，项目部为供应商追加一定的采购费用。

3. 调整非关键工作

对非关键线路的各项工作适当调整，利用时差降低对关键资源的需求量，以保证关键活动的需要。

4. 加强沟通

通过信息网络平台加快与业主、设计院、监理的沟通速度，赢得时间。

另外，对部分长距离管道施工任务分段作业，阶梯化推进赢得时间。在调整施工计划的同时，积极与甲方谈判追加赶工造成的额外成本。经过艰苦努力，机电装修工程终于在国庆节前竣工，候机楼及时投入黄金周使用，解决了机场燃眉之急，同时也为嘉华公司赢得了市场荣誉。

子任务 3 房地产项目质量控制

学习目标

1. 了解房地产项目质量控制在项目不同实施阶段的内容；
2. 了解影响房地产项目质量的因素；
3. 了解房地产项目质量管理的程序。

学习任务

按照任务实施的相关知识与实施内容的要求，学生可采取自由组合为学习小组的方式，利用课内外时间对工作任务进行资料的收集，并通过科学的方法进行整理与分析，根据任务分析理清解决问题的思路，填写任务实训表格中的相关内容并根据项目实例绘制排列图。

任务分析

知识点：

1. 了解房地产项目质量控制的概念与原因；
2. 了解影响房地产项目不同质量控制方法的绘制步骤；
3. 掌握排列图影响因素的类别及划分范围。

技能点：

1. 能灵活运用房地产项目质量控制的方法分析、解决实际的质量问题；
2. 能根据项目实例绘制排列图。

态度点：

1. 在完成任务过程中积极主动，仔细思考、分析问题；
2. 严格遵守学习纪律和任务要求。

任务实施

3.1 相关知识

房地产项目质量是一个永恒的话题，现实中有两种不良的倾向，一是为了节约成本忽视项目质量，项目功能满足不了使用需求，"豆腐渣工程"随处可见。2011年日本发生地震海啸，地震强度远大于四川汶川地震，但遇难人数不及汶川地震。二是某些房地产项目片面追求质量标准超前，特别是使用政府资金的房地产项目，造成巨大的浪费。我国普遍存在着进度优先的观念和做法，决策者不顾项目实施的规律和基本专业要求，为了业绩一味压缩工期，人为造成质量无法保证。因此，房地产企业为了确保房地产项目质量能够达到客户的要求和期望，必须开展质量管理活动，通过开展质量管理保障和提高自身的工作质量和产品或服务的质量，完成组织的使命，实现组织的目标。质量管理既是一项企业各级管理者的管理职责，又是一项涉及企业活动全过程的管理工作。

一、项目质量与房地产项目质量管理的概念

1. 项目质量的概念

项目质量是项目所固有的特性满足客户要求的程度。项目交付的是一种产品或服务，从这个角度来看，项目质量与一般产品或服务质量无本质区别，但由于项目具有一次性特点，项目质量取决于所有子项目、各工作单元的质量和所有的工作质量。从这个角度来讲，项目质量既包括交付物的质量，又包括项目工作的质量，因此，要保证项目质量必须先保证工作质量。

以房地产项目为例，项目过程的质量包括立项过程质量、设计过程质量、施工过程质量和竣工验收过程质量，见表3-8。

表3-8　项目过程的质量

形成阶段	过程质量内涵	满足要求的主要规定	质量工作
立项过程	项目建议书和可行性研究报告 项目投资决策	国家发展规划 业主要求	确定质量目标
设计过程	功能、使用价值的满足程度 项目设计的安全性、可靠性 自然及社会环境适应性 概预算的合理性 设计进度的合理性	项目勘察设计合同 有关法规、强制性标准	设计质量控制 实施方案质量控制
施工过程	功能、使用价值的满足程度 项目的安全性、可靠性 自然及社会环境适应性 工程造价的控制状况 施工进度的控制	项目施工合同 有关法规、强制性标准	材料设备质量控制 施工工艺质量控制 工序质量控制 各部分工程验收
竣工验收过程	分项、分部工程的满足程度 保持和恢复使用功能的能力	项目施工合同 有关法规、强制性标准	质量档案

2. 房地产项目质量管理的概念

房地产项目质量管理是指为确保房地产项目质量目标要求（为了保障房地产项目能够满足项目业主、客户以及项目各相关利益者的需要）而开展的项目管理活动，其根本目的是保障最终交付的项目产出物能够符合质量要求。房地产项目质量管理包括两个方面的内容，一方面是房地产项目工作的质量管理；另一方面是房地产项目产出物的质量管理。

二、影响房地产项目质量的因素

房地产项目质量管理应该是全方位的,要求项目经营者对项目的组织机构、质量、安全、成本,文明施工、新技术、新工艺的运用、人力资源管理等方面都要纳入正规化、标准化、科学化管理,这样才能使各项工作有条不紊、顺利地进行。影响房地产项目质量管理主要有"人、材料、机械、方法和环境"五大因素,因此,对这五方面因素严格控制,是保证项目质量的关键。

1. 人的因素

人的因素主要指领导者的素质,操作人员的理论、技术水平,生理缺陷,粗心大意,违纪违章等。施工时首先要考虑到对人的因素的控制,因为人是施工过程的主体,工程质量的形成受到所有参加工程项目施工的工程技术干部、操作人员、服务人员共同作用,他们是形成工程质量的主要因素。首先,应提高他们的质量意识。施工人员应当树立五大观念,即质量第一的观念、预控为主的观念、为用户服务的观念、用数据说话的观念以及社会效益、企业效益(质量、成本、工期相结合)综合效益的观念。其次,应提高人的素质。领导层、技术人员素质高,决策能力就强,就有较强的质量规划、目标管理、施工组织和技术指导、质量检查的能力。管理制度完善,技术措施得力,工程质量就高。操作人员应有精湛的技术技能,一丝不苟的工作作风,严格执行质量标准和操作规程的法制观念;服务人员应做好技术和生活服务,以出色的工作质量,间接地保证工程质量。提高人的素质,可以依靠质量教育、精神和物质激励的有机结合,也可以靠培训和优选,进行岗位技术练兵。

2. 材料的因素

材料(包括原材料、成品、半成品、构配件)是项目工程施工的物质条件,材料质量是项目工程质量的基础,材料质量不符合要求,项目工程质量也就不可能符合标准。所以加强材料的质量控制,是提高项目工程质量的重要保证。影响材料质量的因素主要是材料的成分、物理性能、化学性能等,材料控制的要点主要有:①优选采购人员,提高他们的政治素质和质量鉴定水平,挑选有一定专业知识、忠于事业的人担任该项工作;②掌握材料信息,优选供货厂家;③合理组织材料供应,确保正常施工;④加强材料的检查验收,严把质量关;⑤抓好材料的现场管理,并做好合理使用;⑥搞好材料的试验、检验工作。据资料统计,项目工程中材料费用占总投资的70%或更多,正因为这样,一些承包商在拿到工程后,为谋取更多利益,不按工程技术规范要求的品种、规格、技术参数等采购相关的成品或半成品,或因采购人员素质低下,对其原材料的质量不进行有效控制,放任自流,从中收取回扣和好处费。有的企业没有完善的管理机制和约束机制,无法杜绝不合格的假冒、伪劣产品及原材料进入工程施工中,给工程留下质量隐患。科学技术高度发展的今天,为材料的检验提供了科学的方法。国家在有关施工技术规范中对其进行了详细的介绍,实际施工中只要我们严格执行,就能确保施工所用材料的质量。

3. 机械的因素

施工阶段必须综合考虑施工现场条件、建筑结构形式、施工工艺和方法、建筑技术经济等因素合理选择机械的类型和功能参数,合理使用机械设备,正确地操作。操作人员必须认真执行各项规章制度,严格遵守操作规程,并加强对施工机械的维修、保养与管理。

4. 方法的因素

施工过程中的方法包含整个建设周期内所采取的技术方案、工艺流程、组织措施、检测手段、施工组织设计等。施工方案的正确与否，直接影响工程质量控制能否顺利实现。往往由于施工方案考虑不周而拖延进度，影响质量，增加投资。为此，制定和审核施工方案时，必须结合工程实际，从技术、管理、工艺、组织、操作、经济等方面进行全面分析、综合考虑，力求方案技术可行、经济合理、工艺先进、措施得力、操作方便，有利于提高质量、加快进度、降低成本。

5. 环境的因素

影响工程质量的环境因素较多，有工程地质、水文、气象、噪声、通风、振动、照明、污染等。环境因素对工程质量的影响具有复杂而多变的特点，气象条件变化万千，温度、湿度、大风、暴雨、酷暑、严寒都直接影响工程质量，往往前一工序就是后一工序的环境，前一分部分项工程就是后一分部分项工程的环境。因此，根据工程特点和具体条件，应对影响质量的环境因素采取有效的措施严加控制。

另外，冬雨期、炎热季节、风季施工时，还应针对工程的特点，尤其是混凝土工程、土方工程、水下工程及高空作业等，拟定季节性保证施工质量的有效措施，以免工程质量受到冻害、干裂、冲刷等的危害。同时，要不断改善施工现场的环境，尽可能减少施工所产生的危害对环境的污染，健全施工现场管理制度，实行文明施工。

三、房地产项目质量管理的程序

房地产项目质量管理包含一些程序，它要求保证该项目能够兑现其关于满足各种需求的承诺。它包括在质量体系中，与决定质量工作的策略、目标和责任的全部管理功能有关的各种活动，并通过诸如质量计划、质量保证和质量提高等手段来完成这些活动。因此，房地产项目质量管理主要有以下三个步骤：

1. 质量计划

质量计划确定哪些质量标准适用于该项目，并决定如何达标。例如，对质量管理的要求可能是成本或进度计划的调节，对具体实施建设质量的要求则可能是对确定问题详尽的风险分析。

2. 质量保证

在常规基础上对整个项目执行情况做评估，以提供信用，保证该项目能够达到有关质量标准。质量保证可分为内部质量保证和外部质量保证。内部质量保证是房地产企业管理的一种手段，目的是取得企业领导的信任；外部质量保证是在合同环境中，供方取信于需方信任的一种手段。因此，质量保证的内容绝非是单纯的保证质量，更重要的是要通过对影响质量的质量体系要素进行一系列有计划、有组织的评价活动，为取得企业领导和需方的信任而提出充分可靠的证据。

3. 质量控制

监控特定项目的执行结果，以确定它们是否符合有关的质量标准，并确定适当方式消除导致项目绩效令人不满意的原因。因此，如何有效地进行过程控制是确保产品或服务质量和提升产品或服务质量，促使企业发展、赢得市场、获得利润的核心。

这些工作程序互相影响，并且与其他知识领域中的程序之间也存在相互影响。根据项目的需要，每道程序都可能包含一个或更多的个人或团队的努力。

四、房地产项目质量控制的概念与内容

任何一个房地产项目工程都是由分项工程、分部工程和单位工程所组成的复杂体系，

存在着许多工序和环节，所以实施房地产项目的质量管理可以小到一个工序的施工操作、一批材料的检验，也可以大到一个单位工程的全面质量控制过程。总之，实施房地产项目的质量管理是一个系统的控制过程。

1. 房地产项目质量控制的概念

房地产项目质量控制是指对于项目质量实施情况的监督和管理。这项工作的主要内容包括：项目质量实际情况的度量，项目质量实际与项目质量标准的比较，项目质量误差与问题的确认，项目质量问题的原因分析和采取纠偏措施以消除项目质量差距与问题等一系列活动。项目质量管理活动是一项贯穿项目全过程的项目质量管理工作。

2. 房地产项目质量控制的内容

房地产项目是由地块地段选择、可行性研究、项目前期策划、设计、工程实施、物业管理等一系列相互关联、相互制约的过程所构成的，控制项目各个过程的质量，除设计阶段的质量控制、施工竣工阶段的质量控制和房屋交付后的质量管理外，重点是施工全过程的质量控制，即房地产建设项目事前控制、事中控制和事后控制。

(1)房地产项目决策阶段的质量控制。在房地产项目决策阶段，要使项目的质量要求和标准符合房地产开发建设意图，并与投资目标相协调，使建设项目与所在周边环境相协调，为项目的长期使用创造良好的运行条件和环境。

(2)房地产项目设计阶段的质量控制。

①要选择好设计单位，通过设计招标、组织设计方案竞赛等措施，从中选择能保证设计质量的设计单位。

②要保证各部分的设计符合决策阶段确定的质量要求。

③要保证各部分设计符合有关技术法规和技术标准的规定。

④要保证各专业设计部分之间的协调。

⑤要保证设计文件、图纸符合现场和施工的实际条件，其深度应能满足施工的要求。

(3)房地产项目施工阶段全过程的质量控制。房地产项目施工阶段全过程的质量控制是一个通过对投入资源和条件的质量控制(即房地产项目的事前质量控制)，进而对施工生产过程以及各个环节质量进行控制(即房地产项目的事中质量控制)，直到对所完成的产出品的质量检验与控制(即房地产项目的事后质量控制)的全过程的系统控制过程。所以，房地产项目施工阶段的质量控制可以根据施工项目实体质量形成的不同阶段划分为事前控制、事中控制和事后控制。

①房地产项目事前的质量控制。房地产项目事前的质量控制是指正式施工前进行的质量控制活动，其具体包括以下几个方面：

a. 技术准备。包括图纸的熟悉和会审，编制施工组织设计、施工图预算及施工预算，对施工项目所在地的自然条件和技术经济条件的调查及分析，技术交底等。

b. 物资准备。包括施工所需原材料的准备，构配件和制品的加工准备，施工机具准备，生产所需设备的准备等。

c. 组织准备。包括选聘委任施工项目经理，组建项目组织班子，汇编并评审施工管理方案，集结施工队伍并对其培训教育，建立和完善施工项目质量管理体系等。

d. 施工现场准备。包括控制网、水准点、标桩的测量工作；协助业主实施"七通一平"；临时实施的准备；组织施工机具、材料进场；拟订实验计划及贯彻"有见证实验管理制度"的措施；项目技术开发和进步计划等。

②房地产项目事中的质量控制。房地产项目事中的质量控制是指在施工过程中进行的质量控制。事中质量控制的策略是全面控制施工过程，重点控制工序质量。其具体措施是：工序交接有检查；质量预控有对策；施工项目有方案，技术措施有交底，图纸会审有记录；配制材料有试验；隐蔽工程有验收；计量器具校正有复核；设计变更有手续；钢筋代换有制度；质量处理有复查；成品保护有措施；行使质控有否决（如发现质量异常、隐蔽未经验收、质量问题未处理、擅自变更设计图纸、擅自代换或使用不合格材料、无证上岗未经资质审查的操作人员等，均应对质量予以否决）；质量文件有档案（凡是与质量有关的技术文件，如水准、坐标位置，测量、放线记录，沉降、变形观测记录，图纸会审记录，材料合格证明、试验报告，施工记录，隐蔽工程记录，设计变更记录，调试、试压运行记录，试车运转记录，竣工图等都要编目建档）。

③房地产项目事后的质量控制。房地产项目事后的质量控制是指完成施工过程，形成产品的质量控制。其具体内容包括准备竣工验收资料；按规定的质量验收标准和办法，对完成的检验批、分部分项工程，单位工程进行质量评验；组织竣工验收。

（4）房地产项目成品（房屋）交付后的质量控制。房屋交付后，其质量控制管理并没有画上句号，至少还有以下两个方面的管理工作要做：

①要做好售后服务。按照建设和管理并举的方针，对开发出售后的房产，要建立专门的机构，配备专人管理，并采取切实可行的管理办法。常年开展服务工作，帮助住户解决困难，及时进行维修，使住户满意。

②要做好征求意见和调查研究工作。要组织人员，广泛征求住户的意见和要求，并及时地进行处理。要深入调查研究开发的房地产仍需改进的方面，并对调查后的材料进行全面整理分析，及时反馈到有关部门，以进一步提高房地产开发的质量。

五、房地产项目质量控制原理

1. PDCA 循环原理

就质量控制的过程而言，质量控制就是监控项目的实施状态，将实际状态与事先制定的质量标准进行比较，分析存在的偏差及产生偏差的原因，并采取相应对策。这是一个循环的过程，在房地产建设项目实施的各个阶段、不同的层面、不同的范围和不同的主体间，对任一控制对象的控制一般都按这一过程进行。该控制过程主要包括以下四个阶段（图 3-31）、八个步骤（图 3-32）的工作，这就是著名的 PDCA 循环，也称戴明环。

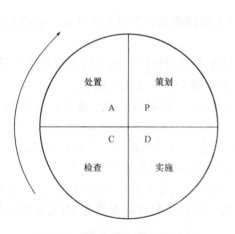

图 3-31 PDCA 循环的四个阶段

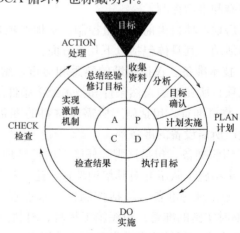

图 3-32 PDCA 循环的八个步骤

（1）计划（Plan）阶段。计划是质量控制管理的第一阶段。通过计划，确定质量管理的方针、目标，以及实现该方针和目标的行动计划和措施。

计划阶段包括以下四个步骤：

第一步，分析现状，找出存在的质量问题。

第二步，分析原因和影响因素。针对找出的质量问题，分析产生的原因和影响因素。

第三步，找出主要的影响因素。

第四步，制定改善质量的措施，提出行动计划，并预计效果。在进行这一步时，要反复考虑并明确回答以下问题：

①为什么要制定这些措施（Why）？

②制定这些措施要达到什么目的（What）？

③这些措施在哪个工序、哪个环节或在哪个部门执行（Where）？

④什么时候执行（When）？

⑤由谁负责执行（Who）？

⑥用什么方法完成（How）？

以上六个问题，归纳起来就是原因、目的、地点、时间、执行人和方法，亦称5W1H问题。

（2）实施（Do）阶段。实施阶段的主要工作任务是根据计划阶段制订的计划措施，组织贯彻执行。本阶段要做好计划措施的交底和组织落实、技术落实和物质落实。必须抓好控制点设置，加强重点控制和例外控制。

（3）检查（Check）阶段。检查阶段的主要工作任务是检查计划的执行效果。通过做好自检、互检、工序交接检、专职检查等方式，将执行结果与预定目标对比，认真检查计划的执行结果。

（4）处理（Action）阶段。处理阶段的主要工作任务是对检查的结果进行总结和处理。具体包括以下两个步骤：

第一步是总结经验。对检查出来的各种问题进行处理，并加以肯定，总结成文，制定标准。

第二步提出尚未解决的问题。通过检查，对效果还不显著，或者效果还不符合要求的一些措施，以及没有得到解决的质量问题，不要回避，应本着实事求是的精神，把其列为遗留问题，反映到下一个循环中去。

处理阶段是PDCA循环的关键。处理阶段的主要工作任务就是解决存在问题，总结经验和吸取教训。该阶段的重点在于修订标准，包括技术标准和管理制度。没有标准化和制度化，就不可能使PDCA循环转动向前。

总之，PDCA循环，可以使我们的思想方法和工作步骤更加条理化、系统化、图像化和科学化。PDCA循环作为全面质量管理体系运转的基本方法，其实施需要收集大量数据和资料，并综合运用各种管理技术和方法。PDCA循环具有以下三个特点：

（1）各级质量管理都有一个PDCA循环，形成一个大环套小环，一环扣一环，互相制约，互为补充的有机整体。在PDCA循环中，一般来说，上一级的循环是下一级循环的依据，下一级的循环是上一级循环的落实和具体化。

（2）每个PDCA循环，都不是在原地周而复始运转，而是像爬楼梯那样，每一循环都有新的目标和内容。这意味着质量管理经过一次循环，解决了一批问题，质量水平有了新的提高。

（3）在PDCA循环中，A是一个循环的关键。

2. 全面质量管理

全面质量管理是指组织为了保证和提高房地产项目质量，而对整个组织、全体员工和工作过程实施质量管理的过程。此原理对房地产项目管理的质量控制具有理论和实践的指导意义。

(1)全面质量管理的核心。全面质量管理的基本核心是提高人的素质，调动人的积极性，人人做好本职工作，通过抓好工作质量来保证和提高房屋产品质量或服务质量。

(2)全面质量管理的特点。全面质量管理的特点主要体现在全员参加、全过程控制、管理对象的全面性、管理方法的全面性和经济效益的全面性等方面。

①全员参加的质量管理。房屋产品质量的好坏，是许多生产环节和各项管理工作的综合反映。房地产企业中任何一个环节、任何一个人的工作质量，都会不同程度地直接或间接地影响产品质量。全面质量管理中的"全面"，首先是指质量管理不是少数专职人员的事，它是全企业各部门、各阶层的全体人员共同参加的活动。但全面质量管理也不是"大家分散地搞质量管理"，而是"为实现共同的目的，大家有系统地共同搞质量管理"。因此，质量管理活动必须是使所有部门的人员都参加的"有机"组织的系统性活动。同时，要发挥全面质量管理的最大作用，还要加强企业内各职能和业务部门之间的横向合作，这种合作甚至已经逐渐延伸到企业外的用户和供应商。

②全过程控制的质量管理。房屋产品质量首先在设计过程中形成，并通过生产工序制造出来，最后通过销售和服务传递到用户手中。产品质量产生、形成和实现的全过程，已从原来的制造和检验过程向前延伸到市场调研、设计、采购、生产准备等过程，向后延伸到包装、发运、使用、用后处理、售后服务等环节，向上延伸到经营管理，向下延伸到辅助生产过程，从而形成一个从市场调查、设计、生产、销售直至售后服务的寿命循环周期全过程。此外，为了实现全过程的质量管理，就必须建立企业的质量管理体系，将企业的所有员工和各个部门的质量管理活动有机地组织起来，将产品质量的产生、形成和实现全过程的各种影响因素和环节都纳入到质量管理的范畴，才能在日益激烈的市场竞争中及时地满足用户的需求，不断提高企业的竞争实力。

③管理对象的全面性。全面质量管理的对象是质量，而且是广义的质量，不仅包括产品质量，还包括工作质量。只有将工作质量提高，才能提高产品和服务质量。除此之外，管理对象全面性的另一个含义是：对影响产品和服务质量因素的全面控制。影响产品质量的因素很多，概括起来包括人员、机器设备、材料、工艺方法、检测手段和环境等方面，只有对这些因素进行全面控制，才能提高产品和工作质量。

④管理方法的全面性。尽管数理统计技术在质量管理的各个阶段都是最有效的工具，但由于影响产品质量因素的复杂性，既有物质的因素，又有人的因素；既有生产技术的因素，又有管理的因素。要搞好全面质量管理，就不能单靠数理统计技术，而应根据不同的情况、针对不同的因素，灵活运用各种现代化管理方法和手段，将众多的影响因素系统地控制起来，实现统筹管理，全面管理好。在全面质量管理中，除统计方法外，还经常用到各种质量设计技术、工艺过程的反馈控制技术、最优化技术、网络计划技术、预测和决策技术，以及计算机辅助质量管理技术等。

⑤经济效益的全面性。房地产企业是一个经济实体，在市场经济条件下，它的主要目的是取得最大的经济效益。但全面质量管理中经济效益的全面性，除保证制造企业能取得最大经济效益外，还应从社会的角度和产品寿命循环全过程的角度考虑经济效益问题。即

要以社会的最大经济效益为目的，使供应链上的生产者、储运公司、销售公司、用户和产品报废处理者均能取得最大效益。

3.2 实施内容

一、目的

要保证房屋产品质量并使产品质量不断提高，使房屋产品能够达到适用性、可靠性及经济性的要求，就必须掌握房地产项目质量控制的方法和手段。由于房地产项目质量管理涉及的知识比较广泛，影响房地产项目质量的因素是动态复杂的，各个项目阶段质量控制的内容和特点是不同的。所以，房地产项目质量控制有很大的难度，这就要求房地产项目管理团队具有质量控制方面的统计知识，尤其是质量控制的方法和技术手段。本项任务重点从房地产项目质量控制的方法与手段展开理论介绍与实践训练，根据房地产项目质量控制相关知识完成任务实训的相关问题。

二、房地产项目质量控制的方法

房地产项目质量控制运用数理统计方法，可以科学地掌握质量状态，分析存在的质量问题，了解影响质量的各种因素，达到提高项目质量和经济效益的目的。常用的质量控制数理统计方法有统计调查表法、分层法、排列图法、因果分析图法、直方图法、控制图法和相关图法七种。

1. 统计调查表法

统计调查表，又称为统计分析表或检查表，是用来记录事实和分析事实的统计表。它是利用专门设计的统计表对质量数据进行收集、整理和粗略分析质量状态的一种方法。

2. 分层法

分层法又称为分类法，是将调查收集的数据进行合理的分类，把性质相同、生产条件相同或某些相关因素相同条件下收集的数据归在一组，把划分的组称为层。分层的结果使数据各层间的差异突出地显示出来，层内的数据差异减少了。

通过数据分析可以将错综复杂的影响质量的因素分析得更清楚。常用的分层依据如下：

(1)按操作班组或操作者分层。

(2)按使用机械设备型号分层。

(3)按操作方法分层。

(4)按原材料供应单位、供应时间或等级分层。

(5)按施工时间分层。

(6)按检查手段、工作环境分层。

【例3-5】 一个焊工班组有甲、乙、丙三位工人实施焊接作业，共抽检60个焊接点，发现有18个点不合格，占30%。采用分层法调查的统计数据见表3-9。

表3-9 分层法调查的统计数据

作业工人	抽检点数	不合格点数	个体不合格率(%)	占不合格点总数百分率(%)
甲	20	2	10	1
乙	20	4	20	22
丙	20	12	60	67
合计	60	18		

通过表 3-9 分析可知，焊接点不合格的主要原因是作业工人丙的焊接质量影响了总体的质量水平。

分层法是房地产项目质量控制统计分析法中最基本的一种方法。其他统计方法一般都要与分层法配合使用。

3. 排列图法

排列图法又称主次因素排列图法，或称帕累托图法。顾名思义，排列图法是指把影响项目质量的所有因素逐一排列出来，从中区分主次，抓住关键问题，采取切实措施，从而确保项目质量。它是根据意大利经济学家帕累托提出的"关键的少数和次要的多数"的原理，由美国质量管理专家朱兰运用于质量管理中而发明的一种质量管理图形。其作用是寻找主要质量问题或影响质量的主要原因以便抓住提高质量的关键，取得好的效果。

主次因素排列图的基本格式及其画法要点如下，图 3-33 所示为质量问题排列图。

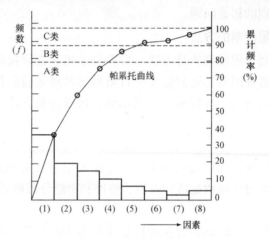

图 3-33　质量问题排列图

(1)图中横坐标表示影响产品质量的因素或项目，一般以直方的高度表示各因素出现的频数，并从左到右按频数的多少，由大到小顺次排列。

(2)纵坐标一般设置两个：左端的纵坐标可以用事件出现的频数(如各因素造成的不合格品数)表示，或用不合格品损失金额来表示；右端的纵坐标用事件发生的频数占全部事件总数的比率表示。

(3)将各因素所占的频率(比率)顺次累加起来，即可得各因素的顺次累计频率(累计百分比)。然后将所得的各因素的顺次累计频率逐点画在图中相应位置上，并将各点连接，即可得到帕累托曲线。

绘制帕氏图的目的主要是寻找影响某项产品质量的主要因素，为此，通常把影响因素分为三类：把累计频率为 0～80％的因素称为 A 类因素，即为影响产品质量的主要因素；其次，把累计频率为 80％～90％的因素称为 B 类因素，即为次要因素；其余累计频率为 90％～100％的因素称为 C 类因素，是一般因素。通常 A 类因素应为 1～2 个，最多不超过 3 个。为了有利于集中精力提高产品质量，首先应在规定时间内，着重解决影响产品质量的 A 类因素。

4. 因果分析图法

因果分析图也称为特性要因图，又因其形状特点，常被称为树枝图或鱼刺图。它是一种用来逐步深入地研究和讨论质量问题，寻找其影响因素，以便从重要的因素着手解决问题的一种工具，主要由质量特性（即质量结果，指某个质量问题）、要因（指产生质量问题的主要原因）、枝干（指一系列箭线表示不同层次的原因）、主干（指较粗的直接指向质量结果的水平箭线）等组成，其基本形式如图 3-34 所示。

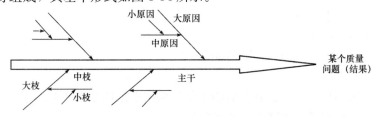

图 3-34　因果分析图的基本形式

【**例 3-6**】　绘制混凝土强度不足的因果分析图。

因果分析图的绘制步骤与图中箭头方向恰恰相反，是从"结果"开始将原因逐层分解的，具体步骤如下：

（1）明确质量问题与结果。该例题分析的质量问题是"混凝土强度不足"，作图时首先由左至右画出一条水平主干线，箭头指向一个矩形框，框内注明研究的问题，即结果。

（2）分析确定影响质量特性的大原因。一般来说，影响质量因素有五大方面，即人、机械、材料、方法、环境等。另外，还可以按产品的生产过程进行分析。

（3）将每种大原因进一步分解为中原因、小原因，直至分解的原因可以采取具体措施加以解决为止。

（4）检查图中的所列原因是否齐全，可以对初步分析结果广泛征求意见，并做必要的补充及修改。

（5）选择出影响大的关键因素，做出标记"△"，以便重点采取措施。图 3-35 所示为混凝土强度不足的因果分析图。

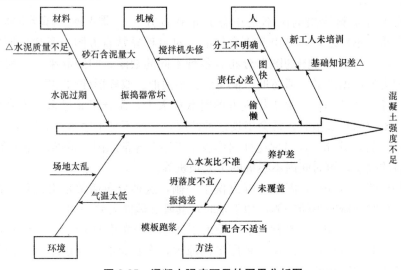

图 3-35　混凝土强度不足的因果分析图

因果分析图法可以供人们寻找影响质量特性的大原因、中原因和小原因。找出原因后便可以有针对性地制定相应的改进对策和措施，形成对策表。

【案例讨论】

某钻孔灌注桩按要求在施工前进行了两组试桩，试验结果未达到预计效果，经分析，发现如下问题：

(1)施工单位不是专业的钻孔灌注桩施工队伍。

(2)混凝土强度未达到设计要求。

(3)焊条的规格未满足要求。

(4)钢筋笼起吊方法不对造成钢筋弯曲。

(5)清孔的时间不够。

(6)按规范应采用反循环方法施工而施工单位采用正循环方法施工。

(7)钻孔时施工机械经常出现故障造成停钻。

(8)在暴雨条件下进行钢筋笼的焊接。

(9)施工中采用的钢筋笼主筋型号不符合规格要求。

(10)钢筋工没有上岗证书。

试阐述影响工程质量的因素有哪几类，并指出以上各问题属于哪类影响工程质量的因素。

5. 直方图法

直方图是研究工序质量分布所常用的一种统计工具。所谓的直方图就是将工序中随机抽样得到的质量数据整理后分成若干组，以组距为底边，以频数(组内数据的个数)为高度做直方块所绘制出的图。通过直方图可以认识产品质量分布状况，判断工序质量的好坏，预测制造质量的发展趋势，及时掌握工序质量变化规律。

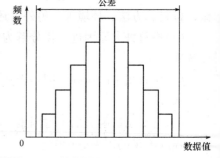

在正常生产情况下，直方图呈正态分布状，分布在公差范围之内，正常型直方图是中间高，两侧低，左右接近对称的图形(图3-36)。

图3-36　正态分布状直方图

如果根据实际资料绘出的图不是正态分布状直方图，说明工序质量不稳定，容易出现不合格品。对每种异常直方图，要找出原因，采取措施及时予以纠正。异常直方图的图形分布有各种不同的缺陷，归纳起来，一般常见的异常直方图有五种类型：锯齿形、孤岛形、偏向形、平顶形、双峰形(图3-37)。

(1)锯齿形[图3-37(a)]，由于作直方图时数据太少，而分组又过多，或者组距没有取数据最小表示单位的整数倍时，常会出现这种情况，一般不是工序本身的原因。

(2)孤岛形[图3-37(b)]，出现这种图形表示工序有异常原因，可能是加工条件有变化，如：部分材料的改变，短时间内不熟练的工人顶班等。

(3)偏向形[图3-37(c)]，图形的峰点偏于一侧，这种分布通常是由操作者的习惯造成的，例如加工孔时峰偏向小的一侧，加工轴时，其峰又偏向大的一侧。

(4)平顶形[图3-37(d)]，平顶形分布是由于某些缓慢变化的系统原因造成的。

(5)双峰形[图3-37(e)]，出现这种图形的原因，多数是数据分层不当，使得两个不同分布的数据混在一起造成的。

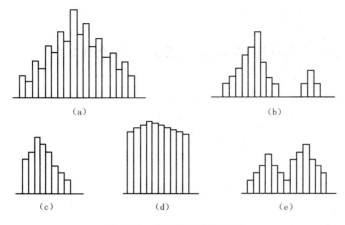

图 3-37　常见的异常直方图

(a)锯齿形；(b)孤岛形；(c)偏向形；(d)平顶形；(e)双峰形

6. 控制图法

控制图又称管理图。它是在直角坐标系内画有控制界限，描述生产过程中产品质量波动状态的图形(图 3-38)。利用控制图区分质量波动原因，判定生产过程是否处于稳定状态的方法称为控制图法。控制图是用样本数据来分析判断生产过程是否处于稳定状态的有效工具。其用途主要有以下两个方面：

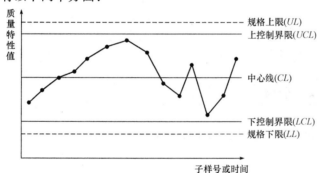

图 3-38　质量控制图

(1)过程分析。即分析生产过程是否稳定。为此，应随机连续收集数据，绘制控制图，观察数据点分布情况并判断生产过程状态。

(2)过程控制。即控制生产过程质量状态。为此，要定时抽样取得数据，将其变为点描在图上，发现并及时消除生产过程中的失调现象，预防不合格产品的产生。

控制图主要包括三条线，上控制界限、中心线和下控制界限。将反映控制对象质量状态的质量特性值在控制图上打点，若点子全部落在上、下控制界限内，且点子的排列无缺陷(如链、倾向、接近、周期等)，则可判定工序处于控制状态，否则认为工序存在系统因素，则必须查明，予以清除。可见，控制界限是判定工序质量是否发生变异，是否存在系统因素的尺度。

7. 相关图法

相关图又称散点图。在质量控制中，它是用来显示两种质量数据之间关系的一种图形。质量数据之间的关系多属相关关系，通过散点图可以分析两个变量是否存在关系及其密切程度。当 X 值增大时，Y 值有相应增大或减小趋势，则认为两个变量之间存在相关关系，否则不存在相关关系(图 3-39)。

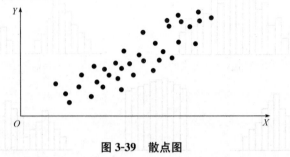

图 3-39　散点图

3.3　任务实训

工作任务	根据项目实例绘制排列图			学时	4
姓　名		学　号	班　级	日　期	

任务描述：根据实施内容中阐述的房地产项目质量控制方法的相关知识，结合实际项目案例，绘制排列图，找出影响排列图的影响因素类别，划出分类范围。

1. 项目实例

某混凝土构件厂在某一个时期不良产品较多，抽查部分预制板，其中 198 块板存在质量问题，原因统计情况见下表。请绘制排列图。

序号	项目	块数	序号	项目	块数
1	表面蜂窝麻面	63	4	端部有裂缝	8
2	强度不足	110	5	折断	2
3	局部有漏筋	15			

(1)请根据项目实例绘制排列图，并用排列图的原理分析影响混凝土构件质量的主次原因。

(2)相关问题

①结合实例阐述排列图的绘制步骤。

②排列图中与其相对应的影响因素可分为哪几类？每类的划分范围是什么？

③排列图法可以应用在哪些方面？

2. 检查及评价

考评项目(100 分)		自我评估	备注
能力考评	排列图应用方面阐述 10		
	排列图影响因素分类及划分范围 20		
	排列图绘制步骤的阐述 20		
	绘制排列图 40		

【背景材料】

某大型公共房地产项目工程，建设单位为 A 房地产开发有限公司，设计单位为 B 设计研究院，监理单位为 C 工程监理公司，工程质量监督单位为 D 质量监督站，施工单位是 E 建设集团公司，材料供应为 F 贸易公司。该项目工程地下 2 层，地上 9 层，基底标高 −5.800 m，檐高 29.970 m，基础类型为墙下钢筋混凝土条形基础，局部筏形基础，结构形式为现浇剪力墙结构，楼板采用无粘结预应力混凝土，该施工单位缺乏预应力混凝土的施工经验，对该楼板无粘结预应力施工有难度。

【问题】

1. 为保证工程质量，施工单位应对哪些影响质量的因素进行控制？

2. 施工单位对该工程应采用哪些质量控制的方法？

3. 在施工过程中，A 房地产开发有限公司、B 设计研究院、C 工程监理公司、D 质量监督站、E 建设集团公司五家单位，请问哪些是自控主体？哪些是监控主体？

子任务 4　房地产项目成本控制

学习目标

1. 了解房地产项目成本控制的概念；

2. 熟悉房地产项目成本控制的措施和方法；

3. 掌握房地产项目各阶段成本控制的重点。

学习任务

按照任务实施的相关知识与实施内容的要求，学生可采取自由组合为学习小组的方式，利用课内外时间对工作任务进行分析，并有针对性地提出解决问题的方法和技巧，根据任务分析理清解决问题的思路，填写任务实训表格中的相关内容并针对房地产项目成本控制案例提出一定的建设性措施。

任务分析

知识点：

1. 了解房地产项目施工阶段成本控制的重要性；

2. 了解房地产项目施工阶段成本控制的措施和方法；

3. 掌握房地产项目各阶段成本控制尤其是施工阶段成本控制的要领。

技能点：

1. 针对房地产项目成本控制得失的案例，对成因做出分析，能提出一定的建设性措施或建议；

2. 能够根据当前建设项目领域案件的特征和存在的问题，提出房地产项目成本控制的管理方法和对策建议。

态度点：

1. 主动参与案例讨论，积极发现问题、分析问题和解决问题；

2. 能与小组成员协商、交流配合完成学习任务；

3. 严格遵守学习纪律和规范要求。

任务实施

4.1 相关知识

现阶段，国内房地产市场竞争日益激烈，加之我国房地产政策的深入改革，给房地产企业带来较大挑战。成本控制与管理成为房地产企业占领市场制高点的关键环节。房地产企业利润是销售收入与成本费用的差额。目前，我国正通过多种手段来控制市场房价，房地产企业不能通过销售收入来实现经济效益，成本控制就成了最有效的选择途径。有效的成本控制可以为企业减少费用支出，因而为企业实现经济效益提供重要保证。对于房地产企业来说，项目的成本管理包括项目成本预测、项目资源计划、项目成本估算、项目成本预算、项目成本核算、项目成本控制、项目成本分析、项目成本考核一系列工作。事实上，上述这些项目成本管理工作相互之间并没有严格独立而清晰的界限，在实际工作中，它们常常相互重叠和相互影响。而本教材仅从"项目成本控制"方面展开理论介绍与实践应用。

一、房地产项目成本控制的概念与原则

俗话说"兵马未动，粮草先行"，任何一个项目从前期的机会分析、可行性研究、规划设计、招投标、实施、竣工验收等各个环节都需要消耗资源，只是不同时期消耗量不同，这些资源都需要付出金钱，资源耗费的货币体现就是项目成本。成本状况是投资者、承包商和其他重要干系人都很关心的问题。

1. 房地产项目成本控制的概念

所谓成本控制是根据预定的成本目标，对实际生产经营活动中的一切生产资料消耗进行指导、限制和监督，发现偏差，及时纠正，以保证更好地实现预定的成本目标，促使成本不断降低。而项目成本对于不同的建设参与方来讲是不同的。从开发商角度来讲，项目成本控制是指对建设项目的投资控制；从施工承包商角度来讲，项目成本控制是指承包商在整个工程中对所花费的所有费用和成本的控制。

本教材立足于开发商（房地产企业）的角度，将房地产项目成本控制的概念界定为：房地产项目成本控制是指控制项目各阶段费用在既定投资限额以内，随时纠正实施过程中发生的偏差，以保证项目投资管理目标的实现，使项目合理使用资源，取得最佳的投资和社会效益。它是项目管理的一个核心部分，贯穿于项目实施的全过程，即体现在对项目建设前期可行性研究、投资决策、设计施工、竣工结算、销售和物业管理阶段全部费用的确定、控制、监督和管理上，是项目能否良好完成的关键。

2. 房地产项目成本控制的原则

目前，房地产开发的综合性和系统性都比较强，因此，现代房地产开发成本控制有以下两个根本性的原则。

（1）全面控制原则。全面控制的含义包括两个方面：一方面是全程控制；另一方面全员

控制。全程控制指房地产成本控制贯穿于房地产项目开发建设的全过程，在投资立项、征地征收、设计报建、工程建设等各个阶段，涉及成本估算、工程预算、成本单项的控制目标、成本实际发生及预测等功能，实现了对项目的全过程管理成本控制。在项目开发过程中，成本发生在每一个阶段中，是全过程管控，任何一个阶段都直接影响整个成本的构成。全员管理就是要求参与房地产项目的人员都要树立成本意识，共同参与成本控制。

（2）重点控制原则。因为全面控制是房地产开发成本控制最为重要的管理原则，故在此基础上的成本控制必须有的放矢，进行重点管理。就过程来看，首先要抓好立项阶段和方案设计阶段的投资控制，其次是施工阶段的成本控制。施工阶段的成本控制也要区分重点与次重点。必须将有限的精力放在最为重要的环节上；否则，就会造成人、财、物的浪费。

二、房地产项目成本控制的措施

降低房地产项目成本的途径，应是既开源又节流，或者是既增收又节支。只开源不节流，或者只节流不开源，都不可能达到降低成本的目的，至少是不会有理想的降低成本效果。控制房地产项目成本的措施归纳起来有三大方面：组织措施、技术措施、经济措施。

1. 组织措施

（1）成立成本控制小组。成本控制小组一般由公司总经理担任组长，定期对各个项目的开发成本进行全面的分析、评估、检查，对成本异常变动情况及时预警并提出解决措施。

（2）责任落实到位。在房地产项目开始阶段就建立成本控制目标，并将目标分解（如工程成本按土建、装饰、电气、给排水、消防、弱电、绿化等分解），责任落实到部门。

项目经理是项目成本管理的第一责任人，全面组织项目部的成本管理工作，应及时掌握和分析盈亏状况，并迅速采取有效措施；工程技术部是整个工程项目施工技术和进度的负责部门，应在保证质量、按期完成任务的前提下尽可能采取先进技术，以降低工程成本；经营部主管合同实施和合同管理工作，负责工程进度款的申报和催款工作，处理施工赔偿问题；经济部应注重加强合同预算管理，增创工程预算收入；财务部主管工程项目的财务工作，应随时分析项目的财务收支情况，合理调度资金；项目经理部的其他部门和班组都应精心组织，为增收节支尽责尽职。

2. 技术措施

施工项目管理与房地产项目成本控制是相辅相成的，只有加强施工项目管理，才能控制项目成本。

（1）制订先进的、经济合理的施工建设方案，以达到缩短工期、提高质量、降低成本的目的。建设方案包括四大内容：施工方法的确定、施工机具的选择、施工顺序的安排和流水施工的组织。正确选择施工方案是降低成本的关键所在。

（2）在施工过程中努力寻求各种降低消耗的方法，提高工效的新工艺、新技术、新材料等降低成本的技术措施。

（3）严把质量关，杜绝返工现象，缩短验收时间，节省费用开支。

3. 经济措施

（1）人工费控制管理。主要是改善劳动组织，减少窝工浪费；实行合理的奖惩制度；加强技术教育和培训工作；加强劳动纪律，压缩非生产用工和辅助用工，严格控制非生产人员比例。

（2）材料费控制管理。主要是改进材料的采购、运输、收发、保管等方面的工作，减少各个环节的损耗，节约采购费用；合理堆置现场材料，避免和减少二次搬运；严格材料进场验收和限额领料制度；制定并贯彻节约材料的技术措施，合理使用材料，综合利用一切资源。

(3)机械费控制管理。正确选配和合理利用机械设备，搞好机械设备的保养修理，提高机械的完好率、利用率和使用效率，从而加快施工进度、增加产量、降低机械使用费。

(4)间接费及其他直接费控制管理。精减管理机构，合理确定管理幅度与管理层次，节约施工管理费等。

房地产项目成本控制的组织措施、技术措施、经济措施，三者是融为一体、相互作用的。项目经理部是项目成本控制中心，要以投标报价为依据，制定项目成本控制目标，各部门和各班组通力合作，形成以市场投标报价为基础的施工方案经济优化、物资采购经济优化、劳动力配备经济优化的项目成本控制体系。

三、房地产项目成本控制的方法

房地产项目成本控制的方法包括两类，一类是分析和预测项目各要素变动与项目成本发展变化趋势的方法；另一类是如何控制各种要素的变动从而实现项目成本管理目标的方法。这两个方面的具体技术方法将构成一套项目成本管理的方法。这套方法的主要技术和工具如下：

1. 项目成本变更控制体系

这是一种通过建立项目变更控制体系，对项目成本进行控制的方法。包括从项目变更的请求，到变更请求批准，一直到最终变更项目成本预算的项目变更全过程控制体系。项目变更是影响项目成败的重要因素。一般可以通过以下两个方面的工作去解决这个问题：

(1)规避。在项目定义和设计阶段通过确保项目业主/客户和全体项目相关利益者的充分参与，真正了解项目的需求；在项目定义和设计结束后通过组织评审，倾听各方面的意见；同时保持与项目业主/客户沟通渠道的畅通，及时反馈，避免项目后期发生大的变更或返工，从而规避项目成本的变动。

(2)控制。建立严格的项目变更控制系统和流程，对项目变更请求不要简单地拒绝或同意，而是先通过一系列评估确定该变更会带来的成本和时间代价，再由项目业主/客户判断是否接受这个代价。简单说就是项目可以变更的前提是项目业主/客户必须接受项目成本会发生变更的代价。在这里需要强调一点，有些项目变更是由于设计缺陷或人们不可预见的原因造成的，这样的项目变更有时是必需的。

2. 项目成本实际度量法

项目成本实际度量法是指项目实际成本完成情况的度量方法。在项目成本管理中"挣值"的度量方法是非常有价值的一种项目控制方法。其基本思想就是通过引进一个中间变量即"挣值"（Earned Value），用与进度计划、成本预算和实际成本相联系的三个独立的变量，比较计划工作量、实际完成量（挣值）与实际成本花费，以决定成本和进度绩效是否符合原定计划，帮助项目成本管理者分析项目的成本和工期变化并给出相应的信息，从而能够使人们对项目成本的发展趋势做出科学的预测与判断。

3. 项目成本附加计划法

很少有项目是按照原定计划完成的，所以可以采用附加计划法，通过新增或修订原有计划对项目成本进行有效的控制。房地产项目成本控制也一样需要使用附加计划法。如果没有附加计划法往往会出现当遇到意外情况时项目管理者缺少应付办法，而可能造成因实际与计划不符而形成项目成本失控的局面。所以，附加计划法是未雨绸缪、防患于未然的项目成本控制方法之一。

4. 项目成本控制的软件工具

这是一种使用项目成本控制软件来控制项目成本的方法。目前市场上有大量这方面的软件可供选择。利用项目成本控制软件，用户可以进行的工作有：生成任务一览表(包括各项目任务的预计工期)，建立项目工作任务之间的相互依存关系，以不同的时间尺度测量项目工作(包括工时、工日等)，处理某些特定的约束条件(如某项任务在某天之前不得开始等)，跟踪项目团队成员的薪金和工作，统计公司的假日、假期等，处理工人的轮班工作时间，监控和预测项目成本的发展变化，发现项目成本管理中的矛盾和问题，根据不同要求生成不同用途的成本或绩效报告，以不同方式整理项目信息，联机工作和网络数据共享，对项目进度、预算或职员变动迅速做出反应，通过实际成本与预算成本比较分析，找出项目实施情况中存在的问题并能提供各种建议措施，以供项目成本管理人员参考。

四、房地产项目各阶段的成本控制

1. 项目投资决策阶段的成本控制

在房地产项目投资决策阶段，项目的各项技术经济决策，对项目成本以及项目建成投产后的经济效益，有着决定性的影响，是房地产项目成本控制的重要阶段。决策阶段主要影响因素有：房子标准水平的确定(市场定位)；建设地区的选择(土地成本)；项目的经济规模(资金成本)；工艺评选(技术难度)。

这就要求房地产开发企业在投资决策阶段的成本控制中要把握好房地产可行性研究工作，一方面要深入市场进行信息收集和分析，确定市场需求，进行项目主题定位、目标客户定位；另一方面要对项目的市政状况进行信息分析，调查预测环境的机遇和发展趋势。然后根据这两方面的情况，明确规划要点，提出规划设计建议、项目策划、营销策划，做好房地产项目可行性研究设计任务书。

2. 项目设计阶段的成本控制

对于房地产开发项目，一份好的设计方案，不仅要取得良好的社会效益，还应具有经济的合理性。根据国际上一些数据，虽然设计费一般只占建设项目总投资1%以下，但设计工作对工程造价的影响程度达70%以上，由此可见，设计在整个项目建设成本控制中具有何等重要的作用。目前很多房地产开发企业普遍存在对建设项目的设计阶段重视不够，对设计方案的经济合理性，产品方案的优越性、可行性没有一个标准，往往是在方案还没有确定下来先行开工建设，造成在项目的建设过程中，设计方案的反复调整，项目成本无法控制，致使预算成本也跟着反复调整，一个项目下来投资成倍增加。另外，很多项目设计人员重技术、轻经济，任意提高安全系数或设计标准，对经济上合理性考虑得很少，从根本上影响了项目成本的有效控制；还有设计存在设计深度、节点细化不够，各专业接口不明确等问题。因此，房地产开发企业的成本控制要以设计阶段为重点，这是最直接、最有效控制房地产项目投资的根本所在。

这就要求房地产开发企业在设计阶段的成本控制中应把握好以下几个方面：

(1)设计方案的优化。设计方案不但要考虑技术上的可行性，还要考虑经济上的合理性。比如在写字楼的建筑方案设计时，通过优化建筑造型、装修方案、标准层面积、公共区域的布置等方案，可以最大限度地提高建筑使用率，从而节省大量投资，对降低工程成本起到了事半功倍的效果。如某国际大厦项目，通过对地下停车场柱网及交通路线的优化设计，增加了约15％的停车位，降低了停车位的单位工程成本。

设计方案优化常采用价值工程分析法，目的在于满足功能或尽可能提高功能的前提下尽可能降低成本。其计算公式如下：

$$V = F/C$$

式中　V——价值系数；

　　　F——功能（一种产品所具有的特定职能和用途）系数；

　　　C——成本（从为满足用户提出的功能要求进行研制、生产到用户所花费的全部成本）系数。

对于不同的房地产项目而言，可供选择的设计方案较多。对各方案进行技术经济评价，选择既能保证必要功能，又能降低成本的设计方案，价值工程原理是个较理想的方法。

（2）实行限额设计，有效控制造价。控制项目的造价，在设计过程中采用限额设计。所谓限额设计就是按照批准的可行性研究报告的投资估算控制初步设计，按照批准的初步设计总概算控制技术设计和施工图设计，同时各专业在保证达到使用功能的前提下，按分配的投资限额控制设计，严格控制不合理变更，保证总投资额不被突破。分解投资和工程量是实行限额设计的有效途径和主要方法，它是将上阶段设计审定的投资额和工程量先分解到各个专业，然后分解到各单位工程和各分部工程，通过层层分解，实现对投资限额的控制和管理，也同时实现了对设计规范、设计标准、工程数量与概预算指标等各方面的控制。

（3）前期造价分析。通常设计阶段成本控制的具体程序是：专题调研——设计任务书——方案设计——图纸会审。由于关注点的不同，设计单位往往对项目成本控制的重视程度不如开发单位，因此这一阶段的成本控制应该由开发单位牵头，由设计单位来实现。开发单位在委托设计前，要组织力量对成本可控敏感的部分进行专题调研，通过考察相关项目、收集最新技术资料，组织专题专家会等方式，与设计单位共同完成。在确定项目技术方案的同时，确定成本控制目标。还可采用定额设计的方式，在设计任务书中，把包含成本控制内容的意图系统明确地告知设计单位，及时组织图纸会审，从设计、工程、销售等多角度对设计方案进行可行性分析。据统计，设计费一般只相当于建筑工程总费用的1％左右，但正是这1％的设计费用决定了几乎全部后期的工程建设费用，由此可见，设计阶段的成本控制在整个项目投资中的重要性。在设计阶段，造价人员的工作重点是通过造价分析，协助技术人员按技术经济分析方法和价值工程原理选择最佳设计方案。

3. 项目建设阶段（施工阶段）的成本控制

项目建设阶段的成本控制主要集中在招投标、合同签署、项目变更和竣工结算四个方面。房地产开发企业在建设阶段的成本控制中应注重以下四个方面：

（1）采用招标方式选择项目承包单位与材料供应商。在选择项目的承包单位和材料设备的供应商时，进行公开招投标是控制项目成本最有效的办法。在招投标过程中，充分利用项目的规模优势和供应商的自身优势及相互竞争，可以获得最优惠价格，特别是对于影响力大的重点项目，投标单位往往会根据规模效益及社会效益以低于常规造价的价格投标，同时尽量使更多的总承包商和材料供应商入围。

在招标过程中，项目管理部门和造价管理部门应仔细审阅图纸，尽可能减少项目实施过程中的设计变更和中标单位以后的索赔机会。在评标过程中，要仔细分析各投标单位的投标文件，防止低价中标、高价索赔和不平衡报价的情况出现。另外，还要积极鼓励各投标单位从专业角度出发提出各种合理化建议，优化设计方案。

（2）合同签署要严密。签订规范、细致、严密的合同文本，是房地产开发项目成本控制的又一重点。在国际惯例中，业主常常聘请有经验的咨询公司编制严密的招标文件、合同文本，对承包商的制约条款几乎达到无所不包的地步，防止施工单位进场后以工期紧、场地狭小、设计选型的品牌型号不明确等为借口，进行各种各样的索赔。施工单位常常会在工程的后期以甲方原因误工造成工期紧为理由，提出赶工申请，要求增加工程费用，如果合同中预告了合同报价充分考虑了工期因素，明示不论采取何种赶工措施均不再调整报价的条款，就能有效地杜绝这类费用的增长，例如，在设备安装预算中，由于不同的品牌型号价格出入很大，如果在合同中的条款及相关附件中描述模糊，就很容易在施工过程中被"偷梁换柱"，影响工程质量和寿命，损害开发商的信誉，造成不良后果。利用好"严密合同条款"这一条，需要有丰富的工作经验，对可能发生的情况有提前的预计，在这一点上需要多借鉴国外成熟的经验。

（3）提高项目变更的预见性。在项目建设过程中，工程变更的管理非常重要，工程管理人员和造价人员应密切配合，严格控制洽商变更的发生，但由于工程项目周期长、技术复杂等特点，项目在实施过程中不可避免会发生变更。一般从成本控制角度考虑可将项目变更分为重大变更、重要变更和一般变更三类。对于大的洽商变更，必须事先做好详细的技术经济分析，这时要充分利用设计单位和监理单位的技术资源，并就其对项目成本的影响做出评价，综合各方意见后方能最后确定是否实施该洽商变更。变更设计必须在合同条款的约束下进行，任何变更不能使合同失效。变更后的单价仍执行合同中已有的单价，如合同中无此单价或因变更带来的变化，应按合同条款进行估价。经承包商提出的单价分析数据，监理工程师审定，业主认可后，按认可的单价执行。

（4）结算审核要细致。项目竣工结算是核定建设项目造价的最终依据，也是建设项目竣工验收后编制竣工决算和核定新增固定资产价值的依据。因此，这是控制项目成本的最后一关。一般应从核对合同条款、检查隐蔽验收记录、落实设计变更洽商、按图核实工程数量、严格执行定额单价、注意各项费用计取、要求有关单位参与把关等方面控制结算项目成本。

4. 项目销售阶段的成本控制

房地产项目销售阶段的成本控制主要是针对销售费用支出，其主要内容一般为房地产销售广告费用支出。在一般情况下，房地产销售费用为房地产商品销售价格的 2%～4%，对房地产开发利润的高低有直接影响。控制销售成本的关键取决于销售策划及广告费用的支出，应根据项目规模大小、档次及所在地的经济条件等多种因素确定。另外，利用网络开展房地产营销是降低销售成本的有效手段。

5. 项目物业管理（运营管理）阶段的成本控制

房地产项目物业管理（运营管理）阶段的成本控制随着市场竞争的加剧，越来越变为房地产开发公司的"延续和潜力股"，很多精明的房地产商也都看到了这一点，但是在物业管理（运营管理）阶段，一次性投资已经完成，在此阶段的工作主要是建立一个高效的物业经营组织，降低运营管理成本，增加物业管理效益。同时，该阶段的成本高低同项目产品的质量是分不开的，这也是前期质量成本的一个延续。

在这一阶段需要做到以下几点：完善项目交接手续，附项目交接清单；严格划分责任界线，明确责、权、利三者的关系，确保售后服务质量，减少业主投诉；各部门相互配合，因产品存在重大质量问题导致物业管理无法运行，物业公司应将问题及时上报房地产公司，对第三方采取必要的措施将损失减少到最低。

6. 项目后评价工作

一个房地产项目开发完毕后，应做好项目的后评价工作，主要包括项目整体财务成本分析，收益分析，建安成本分析，前期费用成本分析，策划销售成本分析等。这样，一方面可以总结项目的成败得失，吸取经验教训；另一方面可以得到一些经验数据和技术经济指标，为今后其他房地产项目开发前期成本预测和成本控制提供参考依据。

4.2 实施内容

一、目的

房地产项目实施阶段（施工阶段）是开发项目资金投入最大的阶段，既是招投标工作的延伸，又是合同实施的具体化，所以这一阶段的成本控制是项目全过程控制的关键环节，控制与管理工作显得尤为重要。该项目任务要求在对给定案例认真阅读和分析的基础上，利用媒介查阅大量房地产项目各阶段，尤其是施工阶段中成本控制的方法和措施，结合教材中阐述的相关知识，根据当前建设项目领域案件的特征和存在的问题，分组讨论案例，对案例成因做出分析，提出房地产项目成本控制的管理方法和对策建议。

二、房地产项目施工阶段成本控制手段的案例应用

在房地产项目施工阶段，成本控制的措施和手段主要可以从两大方面进行：第一，建设单位（房地产开发企业）要加强自身管理，如事前把关、主动监控、严格审核项目各项变更、计算各项变更的影响等；第二，严格控制承包单位的不规范行为，如承包商施工能力不足、降低成本导致工程项目质量堪忧、验收环节把关不严等问题的解决，需要采取有效的预防措施。

现以"厦门东方高尔夫"房地产项目为例进行阐述分析，以明确房地产项目施工阶段成本控制的具体措施和手段。

实例一：

东方高尔夫公寓楼屋顶装饰二次深化设计为钢制花架，其中钢制方钢管檩条壁厚设计为 5 mm。工程完工后，通过跟踪检查，发现钢制方钢管檩条实际施工壁厚为 3 mm。结算时，按收集到的资料对钢制方钢管檩条的工程量按壁厚为 3 mm 进行核减，核减量约 4 t，减少成本支出 3.5 万元。

实例二：

东方高尔夫公寓楼地下车库防火卷帘门，原设计图纸为单轨钢制防火卷帘门，由于施工前没有严格按照防火验收规范进行审图。其中：1#、2# 车库均按原图安装完毕，而 3# 车库也已施工一部分。直至临近验收时，才发现它不符合防火规范，于是对其进行二次变更，改为无机复合双轨防火卷帘门，由此造成建安成本增加近 30 万元，其教训不可谓不深刻。

实例三：

东方高尔夫南三区别墅土石方及挡土墙工程，由造价人员配合工程技术人员针对现场实际情况，结合山地别墅土石方数量大的特点，对施工方案进行优化，提出了一套可指导现场施工的方案措施。如规定土方外运运距包干价为 15 元/m³；石方爆破后 35 级石材用于砌筑挡土墙，既节约石方购买又避免石方外运。土方运距包干，与南二区别墅土方按实际运距 15 km 计价相比，节约单方造价 11.2 元/m³，节约总造价 96 万元。石方工程用爆破方式比用风镐凿打节约造价约 16.5 万元。35 级石材利用率节约外运及购买约 20 万元。南三区别墅此三项共节约造价约 132.5 万元。

实例四：

东方高尔夫公寓楼自行车库阳光棚为园林景观合同外项目，自行车库两侧阳光板分格设计高度为 1 150 mm，而阳光板成品板规格为 6 000 mm×2 100 mm×10 mm。若按该设计方案进行施工，按高度 1 150 mm 横向裁割一半后，将会使另一半 950 mm 造成浪费，其材料损耗率高达 45.23%，即阳光板材料成本增加 45.23%。通过经济技术分析，同设计部门进行多次沟通，将自行车库两侧阳光板分格设计高度改为 1 050 mm。在不明显降低设计效果和保证施工质量的前提下，大大降低了材料成本，节约成本约 15 万元。

实例五：

东方高尔夫别墅绿化要求较高，工期又紧，在夏天种植苗木时，部分水源需要使用洒水车供水灌溉，施工单位报价为 150 元/车，原因是洒水车只能从岛内运到海沧施工现场，且现场工程师已默认此单价。造价人员通过多方了解到海沧新阳有一个市政绿化灌溉取水点，距离球场只有几公里，并询价球场的洒水车用水为他们供应，单价为 35 元/车，此次成功询价共节约造价 6 万元，并为后期别墅绿化供水签证节约成本提供依据。

通过对以上五则实例的分析，请完成 4.3 任务实训的相关内容。

4.3 任务实训

工作任务	提出房地产项目成本控制的管理方法和对策建议		学时	4
姓　名		学　号	班　级	日　期

任务描述：结合房地产行业情况，针对"厦门东方高尔夫别墅及公寓"项目施工阶段成本控制得失的案例，对成因做出分析，提出房地产项目成本控制的管理方法和对策建议。

1. 咨询（课内外完成，查阅、收集资料）

(1)房地产项目成本可以分为哪些类型？影响房地产项目成本的因素有哪些？

(2)房地产项目成本控制的方法有哪些？

(3)简述房地产项目各阶段成本控制的重点。

2. 决策（课内完成）

(1)分别指出房地产项目实例一至五在施工阶段成本控制的具体措施和方法。

(2)请再指出以上实例中未提及的项目施工阶段成本控制措施或手段。

3. 计划

进行项目编组，项目小组人员数一般以 5～10 人为宜。根据老师布置的实训任务与要求核对各组资料准备情况。

4. 实施

该项任务的实施采用无领导小组（案例）讨论方式。

首先，要求每组成员组内讨论发言；

其次，整理发言记录，去粗取精，总结意见；

最后，每组选派一位代表做总结，陈述各组所提出的房地产项目成本控制的管理方法和对策建议。

5. 检查及评价

考评项目(100分)		自我评估	组长评估	教师评估	备注
素质考评 20	劳动纪律 5				
	积极主动 5				
	协作精神 5				
	贡献大小 5				
实训考评 20					
总结分析 20					
综合评价 40					

一、现场签证

（1）现场签证要反复对照合同及有关文件规定慎重处理。

（2）现场签证必须列清事由、工程实物量及其价值量，并由甲方主管工程师和预算人员以及监理单位现场管理人员共同签名，其中甲方预算人员必须对工程量、单价、用工量把关。现场签证的具体审批程序与权限，由各开发企业自行制定。

（3）现场签证必须按当时发生当时签证的原则，在事后5日内办理完毕，严禁事后补签。签证内容、原因、工程量必须清楚明了，涂改后的签证及复印件不得作为结算依据。

（4）凡实行造价大包干的工程和取费系数中已计取预算包干费或不可预见费的工程项目，在施工过程中不得办理任何签证。

（5）因业主要求或者因设计不当，确实需要变更设计的，应填写《设计变更审批表》并编制预算，经设计、监理单位和我方有关负责人认可后方可办理，办理过程中必须对照有关设计、施工或售楼合同，明确经济责任，杜绝盲目签证。我方设计变更的审批权限由各开发单位根据自身实际情况确定。

二、项目工程质量与监理

（1）项目开工前，原则上应通过招标方式择优选择具有合法资格与有效资质等级的监理单位。监理单位应与所监理工程的施工单位和供货商无利益关系。

（2）工程质量监控人员应与监理单位密切配合，严格把关。一旦发现质量事故，必须组织有关部门详细调查、分析事故原因，提交事故情况报告及防患措施，明确事故责任并督促责任单位，按照质检部门认可的书面处理方案予以落实。事故报告与处理方案应一并存档备案。

（3）应特别重视隐蔽工程的监理和验收。隐蔽工程的验收，必须由工程、预算人员联合施工单位、质检部门共同参加并办理书面手续。凡未经验收签证的，应要求施工单位不得隐蔽和进入下道工序施工。隐蔽工程验收记录按顺序进行整理，存入工程技术档案。

三、项目工程进度款

（1）原则上不向施工单位支付备料款。确需支付者，应不超过工程造价的15％，并在工程进度款支付到工程造价50％时开始抵扣预付备料款。

（2）工程进度款的拨付应当按下列程序办理：

◆ 施工单位按月报送施工进度计划和工程进度完成月报表；

◆ 工程预算部门会同监理人员，对照施工合同及进度计划，审核工程进度内容和完工部位（主体结构及隐蔽工程部分须提供照片）、工程质量证明等资料；

◆ 预算部门整理复核工程价值量；

◆ 经财务部门审核后按有关批准程序付款并登记付款台账。

（3）要求施工单位在我方开户银行开具结算账户，以便为我方融洽银企关系和监督工程款项的使用提供便利。

（4）工程进度款支付达到工程造价85％时，原则上应停止付款，预留至少10％工程尾款和5％保修款，以便掌握最终结算主动权。

四、项目工程材料及设备管理

(1)项目开工前,设计或工程管理部门应及时列出所需材料及设备清单,一般按照下列原则决定甲供、甲定乙供和乙供,并在工程施工承包合同中加以明确:

◆甲方能找到一级建材市场的、有进口免税计划指标的、有特殊质量要求和价格浮动幅度较大的材料和设备,应实行甲供或甲定乙供,其余实行乙供;实行甲供或甲定乙供的材料和设备应尽量不支付采购保管费。

(2)应按工程实际进度合理安排采购数量和具体进货时间,防止积压或造成窝工现象。

(3)甲供材料、设备的采购必须进行广泛询价,货比三家,也可在主要设备和大宗建材采购上采用招标方式。在质量、价格、供货时间均能满足要求的前提下,应对照下列条件择优确定供货单位:

◆能够实行赊销或定金较低的供货商;

◆愿意以房屋抵材料款,且接受正常楼价的供货商;

◆能够到现场安装,接受验收合格后再付款的供货商;

◆售后服务和信誉良好的供货商。

(4)工程管理部门对到货的甲供材料和设备的数量、质量及规格,要当场检查验收并出具检验报告,办理验收手续,妥善保管。对不符合要求的,应及时退货并通知财务部拒绝付款。

(5)《采购合同》中必须载明:因供货商供货不及时或质量、数量等问题对工程进度、工程质量造成影响和损失的,供货商必须承担索赔责任。

(6)企业必须建立健全材料的询价、定价、签约、进货和验收保管相分离的内部牵制制度,不得促成由一人完成材料采购全过程的行为。

(7)对于乙供材料和设备,我方必须按认定的质量及选型,在预算人员控制的价格上限范围内抽取样板,进行封样,并尽量采取我方限价的措施。同时,在材料和设备进场时应要求出具检验合格证。

(8)材料的代用应由工程管理部门书面提出,设计单位和监理单位通过,审算部门同意,领导批准。

(9)甲供材料、设备的结算必须凭供货合同、供货厂家或商检部门的检验合格证和我方工程管理部门的验收检验证明以及结算清单,经审算、财务部门审核无误后,方能办理结算。

五、项目工程竣工交付环节的成本控制

(1)单项工程和项目竣工应经过自检、复查、验收三个环节才能移交。

(2)设计、工程、审算、销售和物业管理部门必须参加工程结构验收、装修验收及总体验收等,"移交证明书"应由施工单位、监理单位和物业公司同时签署。

(3)凡有影响使用功能和安全及不符合设计要求的结构部位、安装部位、装饰部位和设备、设施,均应限期整改直到复验合格。因施工单位原因延误工程移交,给甲方造成经济损失的,要按合同追究其责任。

(4)工程移交后,应按施工合同有关条款和物业管理规定及时与施工单位签订《保修协议书》,以明确施工单位的保修范围、保修时间、保修责任(包括验收后出现的质量问题的保修责任的约定)及处罚措施等。

(5)采取一次性扣留保修金、自行保修的开发企业,应对保修事项及其费用有充分的预

计，留足保修费用。

（6）甲方按租售承诺先行垫付的属保修范围的费用，应在工程承包合同中明确由乙方承担。

六、项目工程结算管理

（1）工程竣工结算应具备以下基本条件：

◆ 符合合同（协议）有关结算条款的规定；

◆ 具备完整有效的质量评定结果和符合规范要求的竣工验收资料；

◆ 项目设计变更、现场签证及其他有关结算的原始资料齐备；

◆ 工程遗留问题已处理完毕；

◆ 施工单位结算书按要求编制，所附资料齐全。

（2）工程结算要以我方掌握的设计变更和现场签证为准，施工单位提供的设计变更和现场签证，一般只能作为参考。

（3）"点工"必须按照定额价计取、结算。

（4）审算部门应详细核对工程量，审定价格、取费标准，计算工程总造价，做到资料完整，有根有据，数据准确，也可聘请建行或国家有关部门进行复审。

（5）编制的预、结算书，应当有工费、材料、设备和有关经济指标的计算过程及详细的编制说明，并扣清甲供材料款项。

（6）审算部门应对主体工程成本进行跟踪分析管理，进行"三算"对比，找出工程成本超、降的因素，并提出改进措施和意见。

（7）在审算部门提供的结算资料基础上，财务部门应当结合预付备料款、代垫款项费用等债权、债务，对照合同详细审核并编制工程财务决算书。

任务4　房地产项目完工与交付

子任务1　房地产项目的竣工验收

学习目标

1. 了解房地产项目竣工验收的概念；
2. 了解房地产项目竣工验收的依据和标准；
3. 掌握房地产项目竣工验收的程序。

学习任务

按照任务实施的相关知识与实施内容的要求，学生可采取自由组合为学习小组的方式，利用课上课外时间对工作任务进行分析，并有针对性地提出解决问题的方法和技巧，根据任务分析理清解决问题的思路，完成任务实训表格中的相关问题并编制房地产项目工程竣工验收通知书和竣工验收证明书。

任务分析

知识点：

1. 了解房地产项目竣工验收的范围；
2. 认识房地产项目竣工验收的重要性；
3. 掌握房地产项目竣工资料档案的管理。

技能点：

1. 能编制房地产项目竣工验收通知书和竣工验收证明书；
2. 能结合具体的房地产项目进行竣工验收。

态度点：

1. 能主动学习，在完成任务过程中发现问题、分析问题和解决问题；
2. 能与小组成员协商、交流配合完成学习任务；
3. 严格遵守安全规范、学习纪律。

任务实施

1.1　相关知识

房地产项目的竣工验收是房地产开发项目运营过程的最后一个程序，也是工程项目管理的最后一项工作。它是全面考核建设工作、检查是否符合设计要求和项目工程质量的重要环节，同时，也是确保房地产开发项目质量的关键。

一、房地产项目竣工验收的概念

竣工验收是指建设工程项目竣工后，开发建设单位会同设计、施工、设备供应单位及工程质量监督部门，对该项目是否符合规划设计要求以及建筑施工和设备安装质量进行全面检验，取得竣工合格资料、数据和凭证。

房地产项目竣工验收是指房地产项目经过承建单位的施工准备和全部的施工活动，已经完成了项目设计图纸和承包合同规定的全部内容，并达到了建设单位的使用要求，向使用单位交工的过程。它标志着项目的施工任务已全面完成。

在房地产项目竣工验收的过程中，承建单位将项目及与该项目有关的资料移交给建设单位，由建设单位（或监理单位）对建设质量和技术资料进行一系列的审查验收，如果房地产项目已达到竣工验收的标准，就可以解除合同双方各自承担的义务、经济和法律责任。

从投资者的角度来看，竣工验收必不可少。通过竣工验收，可以使投资者对房地产项目的投资、进度、质量三大目标的实现程度进行全面的检验，从而可以对项目的目标进行更好地控制，使之符合其要求；通过竣工验收，可以全面综合地考察工程质量，保证交工项目符合设计、标准、规范等规定的质量标准要求；做好施工项目竣工验收，可以促进房地产项目及时投产，早日发挥投资效益。

从承包商的角度来看，竣工验收同样必不可少。通过竣工验收，可以督促房地产项目的承包商抓紧收尾工程，自觉地按照合同全面履行规定的义务，注意施工质量、抓好成本控制、按期交工，并配合投资者组织好资料整理归档、竣工工程移交手续的活动，从而总结经验教训，提高在以后承建项目中的管理水平。

正因为竣工验收极为重要，而且在这个过程中有着大量的检验、审查、协调工作，容易产生利益上的冲突。所以，我国对其有着严格的管理。我国规定，已具备竣工验收和投产条件的项目，三个月内若不办理验收投产和移交固定资产手续的，取消建设单位和主管部门（或地方）的基建试车收入分成，由银行监督全部上缴财政，并由银行冻结其基建贷款或停止贷款。如三个月内办理验收和移交固定资产手续确有困难，经验收主管部门批准，期限可适当延长。

二、房地产项目竣工验收的范围

凡新建、扩建、改建的基本建设项目（工程）和技术改造项目，按批准的设计文件所规定的内容建成，符合验收标准的，必须及时组织验收，办理固定资产移交手续。

三、房地产项目竣工验收的内容

房地产项目竣工验收包括项目竣工资料和项目工程实体复查两部分内容。

1. 项目竣工资料

（1）立项文件。立项文件包括项目建议书批复、项目建议书、可行性研究报告审批意见、可行性研究报告、项目评估文件、计划任务书、计划任务书批复、建设用地审批文件、动拆迁合同（或协议）、建设工程规划许可证等。

（2）竣工文件。竣工文件包括项目竣工验收的批复、项目竣工验收报告、安全卫生验收审批表、竣工验收单、卫生防疫验收报告单、工程消防验收意见单、人防竣工验收单、建设工程监督检查单、工程决算汇总表等。

（3）设计文件。设计文件包括初步设计的批复、工程概算、工程水文、地质勘探报告及地质图、设计计算书或代保管说明书等。

（4）监理文件。监理文件包括监理大纲、监理合同、监理总结、监理业务联系单、基建单位工程评价报告等。

（5）施工技术文件。施工技术文件的内容很多，需要按施工单位分部、分项详细准备，包括：竣工验收证书，开工、竣工报告、隐蔽工程验收记录、工程质量事故报告、设计图纸交底会议记录、技术核定单（包括设计变更通知、补充图）等。

（6）竣工图。竣工图包括总平面图、室外管线总平面图、建筑竣工图、结构竣工图、给排水竣工图、电力、照明通风竣工图、电信竣工图、桩基（位）竣工图等。

2. 项目工程实体复查

项目工程实体复查的内容十分复杂，包括地基工程、基础和主体结构工程、屋面工程、装饰装修工程、建筑给排水及采暖工程、通风与空调工程、建筑电气工程等的检查。

四、房地产项目竣工验收依据与验收标准

1. 房地产项目竣工验收依据

房地产项目竣工验收的依据包括：

（1）可行性研究报告。

（2）施工图设计及设计变更通知和补充图。

（3）技术设备说明书。

（4）现行的施工验收规范、质量检验评定标准。

（5）主管部门有关项目建设和批复文件。

（6）过程承包合同。

（7）建筑安装工程统计规定及主管部门关于工程竣工的规定。

从国外引进的新技术和成套设备的项目，以及中外合资房地产项目，还要按照签订的合同和国外提供的设计文件等进行验收。

2. 房地产项目竣工验收标准

房地产项目按其用途不同，可分为工业项目和民用项目，在本任务中只讨论民用的房地产项目。其竣工验收标准具体如下：

（1）项目各单位工程和单项工程均已符合项目竣工验收标准。

（2）项目配套工程和附属工程均已施工完毕，并达到设计规定的质量要求，具备正常使用的条件。

总的来说，这类房地产项目的竣工验收标准是：房屋建筑能够交付使用，住宅可以住人。

【案例讨论】

某混合结构住宅楼，设计采用混凝土小型砌块砌筑，墙体加芯柱，竣工验收合格后，用户入住。但用户在使用过程中发现墙体只有少量钢筋，而没有浇筑混凝土。经法定检测单位检测发现大约有一半的墙体中未按设计要求加芯柱，造成了重大的质量隐患。

请阐述该混合结构住宅楼达到什么条件方可竣工验收？该工程质量验收的基本要求是什么？该工程已交付使用，施工单位是否需要对此问题承担责任？说明理由。

1.2 实施内容

一、目的

在房地产项目竣工验收过程中，承建单位将项目及与该项目有关的资料移交给建设单位，由建设单位（或监理单位）对建设质量和技术资料进行一系列的审查验收，如果房地产项目已达到竣工验收的标准，就可以解除签订合同双方各自承担的义务、经济和法律责任。

房地产项目的竣工验收需要按照一定的程序来执行，该项目任务要求在了解房地产项目竣工验收的相关理论知识的基础上，利用媒介查阅大量房地产项目工程竣工验收案例，同时，结合实际房地产开发项目的调研工作，完成×××房地产项目工程竣工验收通知书和竣工验收证明书的编制任务。

二、房地产项目竣工验收程序

根据国家计委发布的"计建设〔1990〕1215号《建设项目（工程）竣工验收办法》"文件的规定，房地产项目的竣工验收程序如下：

首先，根据房地产项目（工程）的规模大小和复杂程度，整个房地产项目（工程）的验收可分为初步验收和竣工验收两个阶段进行。规模较大、较复杂的房地产项目（工程），应先进行初验，然后进行全部房地产项目（工程）的竣工验收。规模较小、较简单的项目（工程），可以一次进行全部项目（工程）的竣工验收。

其次，房地产项目（工程）在竣工验收之前，由建设单位组织施工、设计及使用等有关单位进行初验。初验前由施工单位按照国家规范，整理好文件、技术资料，向建设单位提出交工报告。建设单位接到报告后，应及时组织初验。

最后，房地产项目（工程）全部完成，经过各单项工程的验收，符合设计要求，并具备竣工图表、竣工决算、工程总结等必要文件资料，由项目（工程）主管部门或建设单位向负责验收单位提出竣工验收申请报告。

为了保证房地产项目竣工验收工作的顺利进行，一般参照图4-1进行工程项目的竣工验收工作。图4-1所示为房地产开发项目竣工验收程序图。

在实际的房地产项目施工竣工管理的过程中，房地产项目的竣工验收工作可分为以下几个阶段：

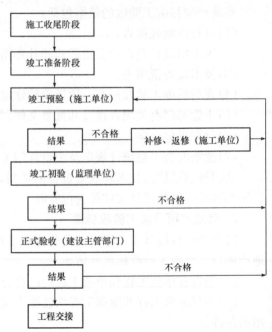

图 4-1　房地产开发项目竣工验收程序图

1. 施工收尾阶段

施工收尾阶段是指工程施工临近竣工的阶段，此时大工程量的施工活动已经完成，剩下的只是一些工程量不大，但头绪很多的工作，这些工作会影响竣工验收的进行。为确保竣工验收的如期进行，这一阶段应抓好以下几项工作：

（1）项目经理要组织有关人员逐层、逐段、逐部位、逐房间地进行查项，检查施工中有无丢项、漏项，一旦发现，必须立即交由专人限期解决，并在事后按期进行检查。

（2）保护成品和进行封闭。对已经全部完成的部位、查项后修补完成的部位，要立即组织清理。保护好成品，并根据需要按房间或层段锁门封闭，严禁无关人员进入，防止损坏成品或丢失零件(这项工作实际上在装修工程完毕之时即应进行)。尤其是高标准高级装修的建筑工程(如高级宾馆、饭店、医院、使馆、公共建筑等),每一个房间的装修和设备安装一旦完毕,就要立即严加封闭,派专人按层段加以看管。

(3)有计划地拆除施工现场的各种临时设施和暂设工程,拆除各种临时管线,清扫施工现场,组织清运垃圾和杂物。

(4)有步骤地组织材料、工具以及各种物资的回收、退库以及向其他施工现场转移和进行处理工作。

(5)做好电器线路和各种管线的交工前检查,进行电气工程的全负荷试验。

2. 竣工准备阶段

(1)组织工程技术人员绘制竣工图,清理和准备各项需向建设单位移交的工程档案资料,并编制工程档案资料移交清单。

(2)以预算人员为主,组织生产、管理、技术、财务、材料、劳资等人员参加或提供资料,编制竣工结算表。

(3)准备工程竣工通知书、工程竣工报告、工程竣工验收证明书、工程保修证书等。

(4)组织好工程自验(或自检),报请上级领导部门进行竣工验收检查,对检查出的问题,应及时进行处理和修补。

(5)准备好工程质量评定的各项资料。主要按结构性能、使用功能、外观效果等方面,对工程的地基基础、结构、装修以及水、暖、电、卫、设备安装等各个施工阶段所有质量检查资料,进行系统的整理,包括:分项工程质量检验评定、分部工程质量检验评定、单位工程质量检验评定、隐蔽工程验收记录以及工程质量事故发生情况和处理结果等方面的资料。既为评定工程质量提供资料和依据,又为技术档案资料移交归档做好准备。

3. 竣工预验阶段

(1)预验的标准应当与正式验收一样,其主要依据是:国家(或地方政府主管部门)规定的竣工标准;工程完成情况是否符合施工图纸和设计的使用要求;工程质量是否符合国家和地方政府规定的标准和要求;工程是否达到合同规定的要求和标准等。

(2)参加自验的人员,应由项目经理组织生产、技术、质量、合同、预算以及有关的施工工长(或施工员、工号负责人)等共同参加。

(3)自验的方式,应分层分段、分房间地由上述人员按照自己主管的内容逐一进行检查。在检查中要做好记录。对不符合要求的部位和项目,确定修补措施和标准,并指定专人负责,限期修理完毕。

(4)复验。在基层施工单位自我检查的基础上,对查出的问题全部修补完毕以后,项目经理应提请上级(如果项目经理是施工企业的施工队长级或工区主任级者,应提请公司或总公司一级)进行复验(按一般习惯,国家重点工程、省市级重点工程,都应提请总公司级的上级单位复验)。通过复验后,要解决全部遗留问题,为正式验收做好充分的准备。

4. 竣工初验阶段

施工单位决定正式提请验收后,应向监理单位送交验收申请报告,监理工程师收到验收申请报告后,应按工程合同的要求、验收标准等进行仔细的审查。监理工程师审查完验收申请报告后,若认为可以进行验收,则应由监理人员组成验收班子,对竣工的项目进行初验;在初验时发现的质量问题,应及时以书面通知或以备忘录的形式告诉施工单位,并令其按有关的质量要求进行修理甚至返工。

5. 正式验收阶段

在监理工程师初验合格的基础上，便可由监理工程师牵头，组织业主、设计单位、施工单位等参加，在规定的时间内对房地产项目进行正式验收。

（1）发出《竣工验收通知书》。在自验的基础上，确认工程全部符合竣工验收标准，具备了交付使用的条件后，即可开始正式竣工验收工作。施工单位应于正式竣工验收之日的前10天，向建设单位发送《竣工验收通知书》。竣工验收通知书形式多样，其基本格式见表4-1。

表4-1 工程项目竣工验收通知书

工程项目名称		结构形式		建筑层数	
施工单位		建筑面积			m²
监理单位		工程造价			万元
本单位建设的_____工程项目，已完成设计文件和合同约定的内容，工程资料完整，工程质量符合国家规范及相关技术标准要求，具备竣工验收的条件，现拟定于_____年_____月_____日（地点_____）进行竣工验收，现将我们已经审核的工程质量验收资料、竣工方案和验收组成名单报送（提交）你站审核，如符合竣工验收条件，请按拟定验收时间派员参加竣工验收，予以监督。 验收组成员（姓名、单位、职务或职称、专业）：					
验收方案： 一、验收程序及验收标准 二、验收分组及方式 三、其他					
建设单位：（盖章） 项目负责人：（签名）_____ 法人代表：（签名）_____ <div align="right">年　月　日</div>					
注：1. 本表应在工程竣工验收七个工作日前提交质量监督机构和竣工验收备案机关。 　　2. 验收一般应按基础、主体结构、安装工程、使用功能、专项工程、技术资料、法律法规执行情况等内容分组。					

（2）递交竣工验收资料。竣工验收资料应当包括以下内容：竣工工程概况；图纸会审记录；材料代用核定单；施工组织方案和技术交底资料；材料、构配件、成品出厂证明和检验报告；施工记录；装饰装修施工试验报告；竣工自检记录；隐检记录；装饰装修工程质量检验评定资料；变更记录；竣工图；施工日记。

（3）成立竣工验收小组，组织竣工验收工作。工程竣工验收工作由建设单位邀请设计单位及有关方面参加，同施工单位一起进行检查验收。列为国家重点工程的大型房地产项目，往往由国家有关部委，邀请有关方面参加，并组成工程验收委员会进行验收。

（4）项目现场检查及项目验收会议。

①参加项目竣工验收的各方，对竣工项目实体进行目测检查，并逐项检查项目竣工资

料，查看其所列内容是否齐备和完整。

②承建单位代表介绍工程施工情况、自检情况以及竣工情况，出示全部项目竣工图纸、各项原始资料和记录。

③监理工程师通报工程监理中的主要内容，发表竣工验收意见。

④业主根据在竣工项目目测中发现的问题，按照合同规定对施工单位提出限期处理意见。

⑤暂时休会，由质量监督部门会同建设单位和监理工程师，讨论工程正式验收是否合格。

⑥由竣工验收小组宣布竣工验收结果，质量监督部门宣布竣工项目的质量等级。

(5)办理竣工验收证明书。在建设单位验收完毕并确认项目工程符合竣工标准和合同条款规定要求以后，即应向施工单位签发《竣工验收证明书》。建设单位、设计单位、质量监督单位、监理单位、施工单位及其他有关单位在《竣工验收证明书》上签字。项目工程竣工验收证明书必须有各方的签字、盖章方可生效。其基本格式见表4-2。

表4-2　工程项目竣工验收证明书

工程项目名称		工程项目地点	
工程项目规模		工程项目造价	
开工日期		竣工日期	
该工程项目已按设计和合同要求施工完毕，各系统的使用功能已运行正常，并符合有关规定的要求；工程技术档案、资料齐全。该工程经共同查验，符合国家有关规定和标准，评定为＿＿＿＿＿等级。			
建设单位：（盖章） 代　表： 年　　月　　日			
设计单位：（盖章） 代　表： 年　　月　　日			
施工企业：（盖章） 代　表： 年　　月　　日			
监理单位：（盖章） 代　表： 年　　月　　日			
注：本表一式五份，建设单位、施工单位、设计单位、监理单位、质量监督单位各一份。			

6. 进行工程质量核定

承建工程的监督单位在受理竣工工程质量核定任务后，按照国家有关标准进行核定。核定合格或优良的工程签发《合格证书》，并说明其质量等级，否则不准投入使用。

7. 办理工程档案资料移交

工程档案是项目的永久性技术文件，是建设单位使用、维护、改造的重要依据，也是对项目进行复查的依据。在施工项目竣工后，项目经理必须按规定向建设单位移交档案资料。移交的工程档案和技术资料必须真实、完整、有代表性，能如实反映工程和施工中的情况。

8. 办理工程移交手续

在对工程检查验收完成以后，施工单位向建设单位办理工程移交手续，并签订交接验收证书，办理工程结算手续。

9. 办理工程决算

整个工程项目完工验收，且办理工程结算手续后，由建设单位编制工程决算，上报有关部门。至此，整个装饰装修工程的全部过程即告结束。

三、房地产项目竣工验收档案

房地产项目竣工验收档案包括项目交工技术档案和项目竣工技术档案两大类。房地产项目竣工验收档案是工程在建设全过程中形成的文字材料、图表、计算材料、照片、录音带、录像带等文件材料的总称，它是工程进行维修、管理、改造的依据和凭证，也是竣工投产交付使用的必备条件。项目竣工验收以后，应及时将竣工验收资料、技术档案等移交给生产单位或使用单位统一保管。

1. 项目交工技术档案

项目交工技术档案既是项目目标控制可靠程度的技术文件，也是该项目管理、使用、维护、改建或扩建的技术资料。在办理工程移交时，应将其提交给建设单位保管，其主要内容包括：

(1)项目材料、构配件和设备质量合格证明。

(2)项目隐蔽工程验收记录。

(3)项目混凝土、砂浆和沥青砂浆试块的试压报告。

(4)项目施工图纸会审记录和设计变更通知单。

(5)项目变位测量记录，以及项目沉降和变形观测记录。

(6)项目质量检验评定和事故处理资料。

(7)项目设备调压、试压和试运转记录。

(8)项目全部竣工图纸及其有关资料。

(9)项目未完工程中间交工验收记录。

(10)项目开工和竣工报告以及竣工证明。

2. 项目竣工技术档案

项目竣工技术档案是承建单位积累施工经验的技术资料。其内容除包括竣工技术档案全部资料外，还包括以下资料：

(1)项目施工规划、单位工程施工规划和施工经验总结。

(2)项目技术革新试验记录。

(3)重大质量或安全事故档案，原因分析和补救措施记录，所采用的重要技术措施。

（4）项目重要技术决定，以及引进技术实施记录。

（5）项目各种混凝土和砂浆配合比资料。

（6）项目施工日记。

（7）项目冬期和雨期施工技术组织措施。

（8）项目施工技术管理经验总结。

1.3 任务实训

工作任务	编制×××项目工程竣工验收通知书、验收证明书			学时	2
姓 名		学 号	班 级	日 期	

任务描述：根据房地产项目工程竣工验收的理论知识和相关资料的准备，结合项目的实地调研情况，完成表 4-1《工程项目竣工验收通知书》和表 4-2《工程项目竣工验收证明书》的编制任务。

1. 咨询（课外完成）

（1）介绍×××房地产项目工程的概况。

（2）相关问题

①阐述房地产项目工程的竣工验收的重要性。

②房地产项目工程竣工验收的条件有哪些？

2. 资料整理（课外完成）

请列出×××房地产项目工程竣工验收清单。

3. 计划

进行项目组组，项目小组人员数一般以 5～10 人为宜。根据老师布置的实训任务与要求核对各组资料准备情况。

4. 实施

（1）编制×××房地产项目工程竣工验收通知书及竣工验收证明书。

（2）制作电子文档进行展示与交流。

5. 检查及评价

考评项目（100 分）		自我评估	组长评估	教师评估	备注
素质考评 20	劳动纪律 5				
	积极主动 5				
	协作精神 5				
	贡献大小 5				
实训考评 20					
总结分析 20					
综合评价 40					

✦ **相关案例 4-1 房地产项目竣工验收案例**

2012 年 4 月 15 日，原告蔡先生与被告某房地产公司签订《商品房买卖合同》一份，合同约定原告向被告购买商品房 1 套，并约定房屋交付使用的条件为"该商品房经验收合格"。2014 年 3 月 20 日，被告组织建设、勘察、设计、施工及监理单位对该商品房进行工程竣工验收，工程质量综合评定为合格。同年 4 月 8 日公安消防部门对该商品房进行消防竣工验收，验收意见为基本合格。但工程质量监督部门监督审核后认为，该商品房存在土建、水电方面共 43 项工程质量问题需整改，不同意出具工程质量监督报告，并书面通知开发商整改，开发商至今仍未整改。且该商品房未取得规划、环保部门验收确认，未取得《工程竣工验收备案表》，被告也无法向原告提供该房屋的《住宅质量保证书》和《住宅使用说明书》。双方因合同约定的"交付条件"发生争议，原告拒绝交接该房屋。

【分歧】

在本案审理中，双方对本案商品房是否已经验收合格具备合同约定的"交付使用条件"发生争议。第一种意见认为，本案商品房被告虽然组织建设、勘察、设计、施工、监理单位及消防部门进行工程竣工验收，但未经规划、环保部门验收确认，且工程质量监督部门审核后认为，该商品房存在工程质量问题需整改，不同意出具工程质量监督报告，开发商至今仍未整改，不符合合同约定的"交付使用的条件"，应视为未经验收合格；第二种意见认为，本案商品房已经建设、勘察、设计、施工、监理单位及消防部门进行工程竣工验收合格，该商品房已符合合同约定的"交付使用的条件"。虽然相关法律和行政法规明确规定相关建筑工程须经有关行政主管部门进行消防、环保、规划等验收或许可，但该相关规定从性质上来说，均属于管理型的法律规范，并不能因此否定买卖双方当事人根据需要和实际情况自行约定具体的交付条件。违反该相关规定不必然导致合同不能履行，也不必然导致当事人履行合同不符合约定或规定，而应由相关行政部门根据规定予以处罚或责令整改等，不适用《合同法》进行调整。

【评析】

本案例同意第一种意见，理由如下：

实践中，人们对竣工验收合格包括经建设、设计、施工、监理单位验收合格不持异议，但对是否还应包括消防、规划、环保等专项验收合格及工程质量监督机构监督审核认可，开发商与业主往往存在截然不同的意见。各地对商品房"交房"条件的规定也不一样，如2003年底开始实施的《北京市城市房地产转让管理办法》，将新建房屋取得"建筑工程竣工验收备案表"和"商品房面积实测技术报告书"定为北京市房地产商交付预售商品房的法定条件。青岛市《物业投入使用许可证》制度规定交房条件为：一是开发商要完成工程竣工质量验收，并在市建委有关部门备案；二是必须取得规划管理验收证明；三是必须具备物业管理所需的配套网点、办公用房、停车场（库）、自行车棚（房）等移交证明。开发商只有具备这三项条件，同时提交相应的文件资料，才会取得《物业投入使用许可证》，才可以向用户"交钥匙"。

各地法院对此问题的认识和理解不一样，有的以取得《工程竣工验收备案表》为竣工验收合格，有的以建设、勘察、设计、施工、监理单位及消防部门验收合格为竣工验收合格，有的以建设、勘察、设计、施工、监理单位验收合格为竣工验收合格，以致造成法律适用的不统一，出现"同案不同判"的现象。笔者认为，对于该合同中所约定的"商品房经验收合格"应如何界定，可结合相关法律规定来理解。

《建筑法》第六十一条规定："交付竣工验收的建筑工程，必须符合规定的建筑工程质量标准，有完整的工程技术经济资料和经签署的工程保修书，并具备国家规定的其他竣工条件。建筑工程经竣工验收合格后，方可交付使用；未经验收或者验收不合格的，不得交付使用。"《城市房地产开发经营管理条例》第十七条规定："房地产开发项目竣工，经验收合格后，方可交付使用；未经验收或者验收不合格的，不得交付使用。房地产开发项目竣工后，房地产开发企业应当向项目所在地的县级以上地方人民政府房地产开发主管部门提出竣工验收申请。房地产开发主管部门应当自收到竣工验收申请之日起30日内，对涉及公共安全的内容，组织工程质量监督、规划、消防、人防等有关部门或者单位进行验收。"《中华人民共和国消防法》第十条规定："按照国家工程建设消防技术标准需要进行消防设计的建设工程，除本法第十一条另有规定的外，建设单位应当自依法取得施工许可之日起 7 个工作日内，将消防设计文件报公安机关消防机构备案，公安机关消防机构应当进行抽查。"《中华人民共和国城乡规划法》第四十五条规定："县级以上地方人民政府城乡规划主管部门按照国务院规定对建设工程是否符合规划条件予以核实。未经核实或者经核实不符合规划条件的，建设单位不得组织竣工验收。"《建设工程质量管理条例》第四十九条规定："建设单位应当自建设工程竣工验收合格之日起 15 日内，将建设工程竣工验收报告和规划、公安消防、环保等部门出具的认可文件或者准许使用文件报建设行政主管部门或者其他有关部门备案。建设行政主管部门或者其他有关部门发现建设单位在竣工验收过程中有违反国家有关建设工程质量管理规定行为的，责令停止使用，重新组织竣工验收。"《房屋建筑和市政基础设施工程竣工验收备案管理办法》第五条规定："建设单位办理工程竣工验收备案应当提交下列文件：

（1）工程竣工验收备案表。

（2）工程竣工验收报告。竣工验收报告应当包括工程报建日期，施工许可证号，施工图设计文件审查意见，勘察、设计、施工、工程监理等单位分别签署的质量合格文件及验收人员签署的竣工验收原始文件，市政基础设施的有关质量检测和功能性试验资料以及备案机关认为需要提供的有关资料。

（3）法律、行政法规规定应当由规划、环保等部门出具的认可文件或者准许使用文件。

（4）法律规定应当由公安消防部门出具的对大型的人员密集场所和其他特殊建设工程验收合格的证明文件。

（5）施工单位签署的工程质量保修书。

（6）法规、规章规定必须提供的其他文件。

住宅工程还应当提交《住宅质量保证书》和《住宅使用说明书》。"

《房屋建筑和市政基础设施工程竣工验收备案管理办法》第七条规定："工程质量监督机构应当在工程竣工验收之日起 5 日内，向备案机关提交工程质量监督报告。"《建设项目环境保护管理条例》第二十条规定："建设项目竣工后，建设单位应当向审批该建设项目环境影响报告书、环境影响报告表或者环境影响登记表的环境保护行政主管部门，申请该建设项目需要配套建设的环境保护设施竣工验收。"《建设项目竣工环境保护验收管理办法》第九条规定："建设项目竣工后，建设单位应当向有审批权的环境保护行政主管部门，申请该建设项目竣工环境保护验收。"从以上法律规定分析并参照重庆市高级人民法院民一庭《关于审理商品房买卖合同纠纷案件疑难问题的解答》第二十二条："交付使用的房屋不仅应当经设计、施工、监理、建设单位等验收合格，还应当符合法律、法规关于房屋交付使用的其他强制性规定，包括消防验收"的规定。可见，消防、规划、环保等部门等专项验收合格及工程质量监督机构监督审核认可也应是建筑工程验收合格的一项内容。同时，结合《合同法》第四十一条关于"对格式条款的理解发生争议的，应当按照通常理解予以解释。对格式条款有两种以上解释的，应当做出不利于提供格式条款一方的解释"的规定，可以认定本案《商品房买卖合同》关于"商品房经验收合格"应当包括经消防、规划、环保等部门专项验收合格及工程质量监督机构监督审核认可的含义，双方约定的商品房交付使用的条件还应当包括被告需提供的《工程竣工验收备案表》、《住宅质量保证书》和《住宅使用说明书》等。

综上所述，本案商品房未经规划、环保部门竣工验收，未经工程质量监督部门监督审核认可并出具工程质量监督报告，也未取得《工程竣工验收备案表》、《住宅质量保证书》和《住宅使用说明书》，尚不具备合同约定"交付使用的条件"。因商品房不符合合同约定的交房条件，买受人原告有权拒绝接受，该被告某房地产公司的行为构成履行不当，依法应承担修理、更换、重做等继续履行责任。

子任务 2　房地产项目的防护

学习目标

1. 了解房地产项目的防护阶段；
2. 了解房地产项目的防护范围；
3. 了解房地产项目各阶段的防护管理要点。

学习任务

按照任务实施的相关知识与实施内容的要求，学生可采取自由组合为学习小组的方式，利用课上课外时间对工作任务进行分析，并有针对性地提出解决问题的方法和技巧，根据任务分析理清解决问题的思路，完成任务实训表格中的相关问题并填制项目防护问题整改通知单和防护范围及要求委托单表格。

任务分析

知识点：
1. 了解房地产项目防护工作的重要性；
2. 熟悉房地产项目移交前防护措施。

技能点：
1. 到现场能查找各种防护措施的实施情况及防护状态；
2. 能填制《防护问题整改通知单》相关表格。

态度点：
1. 能主动学习，在完成任务过程中发现问题、分析问题和解决问题；
2. 能与小组成员协商、交流配合完成学习任务；
3. 严格遵守安全规范、学习纪律。

任务实施

2.1　相关知识

为确保项目工程的顺利交付，满足设计和施工的规范要求，向业主交付满意、合格的产品，须保证房地产项目产品得到有效的防护并以最佳的交付状态、最优的交付方式，顺利移交。

一、房地产项目的防护阶段

房地产项目的防护按阶段可以划分为施工过程中的防护、项目工程竣工后至竣工验收前的防护、竣工验收后至移交前的防护三个阶段。

1. 施工过程中的防护

施工过程中项目工程的防护由工程部相关专业的监理工程师监督施工单位参照有关监理细则及竣工验收规范要求进行防护。

2. 项目工程竣工后至竣工验收前的防护

项目工程竣工后至竣工验收前的防护仍由工程部相关专业的监理工程师监督施工单位参照有关监理细则及竣工验收规范要求进行防护。在工程竣工后至验收前的防护过程中，工程部项目施工负责人安排监理人员每周至少一次到现场查看各种防护措施的实施情况及防护状态，并做监理日记，发现问题当天通知施工队限期解决，并视问题大小决定是否上报处理。

3. 竣工验收后至移交前的防护

在房地产项目工程竣工验收后到项目移交前的防护过程中，工程部项目施工负责人根据工程规模安排本项目监理人员做好防护工作，发现问题，填写《防护问题整改通知单》(表4-3)，当天通知施工队限期解决，并视问题大小决定是否上报处理；或由工程部项目施工负责人负责填写《防护范围及要求委托单》(表4-4)，临时委托物业管理处做好防护工作。

表4-3　防护问题整改通知单

工程项目名称			
建设单位		施工单位	
防护问题			
整改要求			
工程部监理工程师 签字(盖章)		施工单位 施工员签收	

表4-4　防护范围及要求委托单

工程项目名称		防护期间	自　年　月　日 至　年　月　日
建设单位		施工单位	
受托物业公司 (管理处)		受托单位负责人	签名：　　日期：　　(公章)
防护范围及要求： 　　　　　　　　　　　工程部委托人签名：　　　　日期：　　(公章)			

注：此单一式两份，加盖工程部和物业公司(管理处)公章后，委托人和物业公司(管理处)责任人各持一份。

二、房地产项目的防护范围

房地产项目工程的防护范围包括施工中未满龄期的混凝土养护；墙面贴面、地面铺地砖的保护；新刷油漆件的保护；门、窗、玻璃的防护；室外花草的养护；标识系统的维护；给排水设施、供电设施、供气设施、路灯及通信设施的维护等。

在防护过程中，工程项目部经理安排本项目监理人员或指定专人做好防护工作，并跟踪监测，发现问题应及时处理并做好记录。

2.2 实施内容

一、目的

为了保证房地产项目产品得到有效的防护并以最佳的交付状态、最优的交付方式，顺利移交，须在房地产项目移交前进行必要的防护。该项目任务重点要求掌握工程竣工验收后至移交前阶段的防护。在了解房地产项目防护的相关理论知识的基础上，利用媒介查阅不同类型房地产开发企业项目的防护措施，结合房地产开发项目的实地调研工作，完成××房地产项目工程的《防护问题整改通知单》和《防护范围及要求委托单》的填制。

二、房地产项目移交前的防护措施

对已完成的房地产项目做好防护，确保在移交前工程完好，以及移交后承担保修期内的缺陷修复工作是承建单位的责任。其采取的措施主要包括以下几个方面：

(1)在组织上，成立以负责项目工程建设的项目副经理为首的项目防护领导小组，成员包括总工程师、工程技术部、施工队长和班组长，以加强对完工项目的保护管理。

(2)制定完工项目保护措施和岗位责任制，做到谁施工、谁负责。

(3)加强职工队伍的思想教育和保护完工工程宣传教育，杜绝人为对完工项目的破坏。

(4)对易受碰撞的结构和重要的部位，周围设立栅栏或覆盖等保护措施。

(5)经常疏通排水设施，保证排水通畅。

(6)对已完工的工程项目派专人巡视，对巡视中发现的边坡及拱顶悬石、危石及时处理，避免其滚落造成损坏和安全事故。

(7)经常清理已完工建筑物上的杂物，保持建筑物的整洁。

(8)移交前对工程项目的防护而发生的费用由承建单位负责。

2.3 任务实训

工作任务	填制××房地产项目的防护问题整改通知单相关表格		学时	2
姓 名		学 号		班 级		日 期	

任务描述：根据房地产项目防护的理论知识和相关资料的准备，结合项目的实地调研情况，完成表 4-3《防护问题整改通知单》和表 4-4《防护范围及要求委托单》的填制任务。

1. 咨询（课外完成）

(1)阐述×××房地产项目背景。

(2)相关问题

①阐述房地产项目的防护工作的重要性。

②房地产项目的防护范围有哪些？

2. 资料整理（课外完成）

试列出××房地产项目不同阶段防护工作事项。

3. 计划

进行项目编组，项目小组人员数一般以5～10人为宜。根据老师布置的实训任务与要求核对各组资料准备情况。

4. 实施

(1)填制××房地产项目防护问题整改通知单和防护范围及要求委托单。

(2)制作电子文档进行展示与交流。

5. 检查及评价

考评项目(100分)		自我评估	组长评估	教师评估	备注
素质考评 20	劳动纪律5				
	积极主动5				
	协作精神5				
	贡献大小5				
实训考评20					
总结分析20					
综合评价40					

✦ 相关案例 4-2　万科水体驳岸防护整改措施案例

万科城项目一期水体驳岸安全防护情况见表4-5。

表 4-5　水体驳岸防护整改措施

撰写部门：万创	撰写人：	审核人：	完成时间： 修订时间：
案例 描述	万科城一期人工湖的驳岸防护缺乏必要的安全防护设施，存在一定的安全隐患： 　1. 人工湖的木平台离湖地 0.8 m，水深 0.6 m，此处为较佳的观景平台，在此游玩的老人、儿童较多，缺少必要的防护栏杆； 　2. 原有的铁栏杆高度1 m，由一条铁链连接，其链与地面间距过大，缺乏有效的安全防护； 　3. 人工湖驳岸周边原绿化起防护美化作用，植物局部稀疏存在安全隐患。 			

案例 描述	
解决 过程	实地调研，针对项目住宅现状，利用现有资源，采取合理整改的措施： 1. 在木平台上增设木质安全护栏，护栏间由铁链连接增强安全感； 2. 在原铁质防护栏杆一条铁链的基础上增设一条，改为双层防护，增加安全性； 3. 在现基础上增补灌木密植。  

预防措施	项目居住区的水体驳岸，周边的安全防护设施要充分满足使用者的安全需求，即亲水处的空间尺度的设计，既要兼顾安全，又要合理美丽

子任务3　房地产项目的移交

学习目标

1. 了解房地产项目移交内涵；
2. 了解房地产项目移交对象和层次；
3. 了解房地产项目移交职责。

学习任务

按照任务实施的相关知识与实施内容的要求，学生可采取自由组合为学习小组的方式，利用课上课外时间对工作任务进行分析，并有针对性地提出解决问题的方法和技巧，根据任务分析理清解决问题的思路，完成任务实训表格中的相关问题并填制房地产项目工程竣工移交清单内容。

任务分析

知识点：

1. 了解不同类型房地产项目的移交依据和范围；
2. 了解房地产项目的移交程序或注意事项；
3. 掌握工程项目的移交内容清单。

技能点：

1. 能填制房地产项目工程竣工移交相关表格；
2. 能结合具体的房地产项目进行项目的移交工作。

态度点：

1. 能主动学习，在完成任务过程中发现问题、分析问题和解决问题；
2. 能与小组成员协商、交流配合完成学习任务；
3. 严格遵守安全规范、学习纪律。

任务实施

3.1　相关知识

房地产项目移交是指全部合同收尾后，在政府项目监管部门或社会第三方中介组织的协助下，项目业主与全部项目参与方之间进行项目所有权移交的过程。

一、房地产项目移交对象与层次

1. 房地产项目移交对象

在工程项目竣工验收后，项目承包单位向业主移交项目所有权的过程中，视房地产项目类型不同，移交对象也有所不同。个人或企业投资的项目，移交的对象是项目的投资者或投资企业的法人代表；国家投资的项目，中小型项目移交的对象是地方政府的某个部门（如市建委、房地产管理局、院校等）；大型项目，通常是委托地方政府的某个部门担任建设单位（业主），但项目的所有权归国家所有（中央）。

2. 房地产项目移交层次

房地产项目移交有两个层次：一层是由承建单位向建设单位（即地方政府）的移交；另一层是建设单位向国家的移交。前者由项目的监理工程师组织验收，由监理工程师协助承包单位向建设单位进行所有权的交接；后者一般在项目投产使用一年后，由国家有关部委组成工作小组进行全面的检查验收，并履行项目移交手续。

在办理工程项目移交前，施工单位要编制竣工结算书，以此作为向建设单位结算最终拨付工程价款的依据。工程项目移交时，还应将成套工程技术资料分类整理，编目建档后同时移交给建设单位或业主。

二、房地产项目移交职责与移交程序

1. 房地产项目移交职责

（1）工程项目总经理负责组建工程项目移交小组，并任命移交小组负责人，小组成员包括分管开发设计副总经理、工程项目部、开发设计部、营销中心、客户服务中心及其他相关人员。

（2）工程项目移交小组组长负责组织项目移交前，《工程项目竣工移交表》（表4-6）的填写和竣工图纸的准备工作。

表4-6　工程项目竣工移交表

项目名称		建设单位	
设计单位		施工企业	
监理单位		质监部门	
工程地点		开、竣工日期	
建设规模及建设内容	本项目工程建筑面积_____ m²，中标价为_____元。为_____层，_____结构，_____基础。工程内容为经审查批准的施工图纸内容，建设主体施工及室外总图工程。		
移交质量说明	符合设计要求及建筑安装施工规范要求，技术档案资料齐全。		
移交意见	同意移交		
项目接交单位	签字（盖章）：　年　月　日	项目监交单位　签字（签章）：　年　月　日	项目移交单位　签字（签章）：　年　月　日

注：本移交手续一式三份，项目建设管理公司、施工企业、接收方各一份。

移交的竣工图纸资料的准备应符合规定，主要包括：经修改、校对并符合资料审查要求的验收图纸资料；验收结论汇总表及其附表；由设计、施工单位和建设单位共同认可并有签署意见的整改措施；系统操作和有关设备日常维护说明。将符合要求的图纸资料整理成册，并编制好目录，以备查找。同时按建设单位的要求提供。

（3）工程项目移交小组组长负责制定项目移交计划，并组织移交过程的实施；负责组织填写《商品住宅质量保证书》和《商品住宅使用说明书》。

（4）工程项目总经理负责审批项目移交计划、《商品住宅质量保证书》和《商品住宅使用说明书》。

最后，由销售部派销售代表将签单客户引见给客户服务中心，客户服务中心负责与业主进行商品房交接。

2. 房地产项目移交程序

（1）工程项目移交小组自施工单位处接受竣工验收合格后的工程项目。

（2）工程项目移交小组于接受工程项目后一周内做好项目移交计划，交总经理审批后，工程项目移交小组应按销售合同规定的交房日提前一个月向客户服务中心交付房屋。

（3）在工程项目移交前，工程项目移交小组负责就本项目的有关配套设施的使用（例如消防设施、煤气、电梯等）对接管单位进行培训。

（4）工程项目移交小组负责对在交接验收过程中发现的工程问题进行维修整改，保证一个月完成所有整改工作。整改完毕，工程项目移交小组和客户服务中心交接负责人签订《工程项目移交清单》，双方各执一份。并由工程移交小组负责准备好完整的施工图纸及相关资料，在项目竣工验收后半年内将准确完整的工程资料移交客户服务中心。

（5）对于商品住宅，工程项目移交小组至少提前于预售日30天，填写《商品住宅质量保证书》和《商品住宅使用说明书》范本，交总经理审批后移交客户服务中心。

（6）客户服务中心负责与业主进行房屋交接，并负责处理交接中业主提出的维修整改问题。

3.2 实施内容

一、目的

房地产项目工程经竣工验收合格后，便可办理工程移交手续，即将项目的所有权移交给建设单位。本项目的任务要求是在了解房地产项目移交相关理论知识的基础上，利用媒介查阅不同类型房地产开发项目移交案例，结合房地产项目的实地调研情况，完成××房地产项目的《工程项目竣工移交表》的填制任务。在实际移交工作中，工程项目竣工移交表的格式不一，但其内容一般应包括工程项目名称、建设单位等五方主体单位名称、工程开竣工时间、工程的基本信息、工程系统及验收情况、工程资料清单等转交的资料情况等。

二、房地产项目移交的内容

房地产工程项目的移交包括项目的实体移交和项目的文件移交，项目移交方和项目接收方将在项目移交报告上签字，形成项目移交报告。项目移交报告即表明项目移交的结束。

1. 项目的实体移交

项目的实体移交包括可交付的一切项目实体或项目服务。在提供项目移交报告之前应当进行项目移交的检查工作，仔细填写移交检查表。项目的移交检查表是罗列项目所有交付成果的表格，并对其中的具体细节进行描述，以便今后的核对。其形式比较简单，项目交付成果表见表4-7。

表4-7　项目交付成果表

项目可交付成果事项	成果内容	备注
可交付成果1		
可交付成果2		
……		
可交付成果n		

2. 项目的文件移交

一般情况下，项目文件的移交是一个贯穿项目整个生命周期的过程，尤其在最后的收尾阶段，项目的文档移交具有很深刻的意义和作用。项目的各个阶段移交的文档资料是不同的。

(1)初始阶段应当移交的主要文档资料有：项目初步可行性研究报告及其相关附件、项目详细可行性报告及其附件、项目方案报告、项目评估与决策报告。

(2)计划阶段应当移交的主要文档资料有：项目描述文档、项目计划文档等。

(3)实施阶段应当移交的主要文档资料有：项目中可能的外购和外包合同、标书、项目变更文件、所有项目会议记录、项目进展报告等。

(4)收尾阶段应当移交的主要文档资料有：项目测试报告、项目质量验收报告、项目后评价资料、项目移交文档一览表、各款项结算清单、项目移交报告等。

3.3　任务实训

工作任务	××房地产项目的竣工移交清单的填制		学时	2
姓　名		学　号	班　级	日　期

任务描述：根据房地产项目工程移交的理论知识和相关资料的准备，结合房地产项目的实地调研情况，完成表4-6《工程项目竣工移交表》的填制任务。

1. 咨询(课外完成)

(1)××房地产开发项目简介。

(2)相关问题

①针对不同类型的房地产项目，讨论项目的移交依据和范围。

②竣工项目工程的移交注意事项有哪些？

2. 资料整理(课外完成)

列出××房地产项目工程竣工移交清单。

3. 计划

进行项目编组，项目小组人员数一般以5~10人为宜。根据老师布置的实训任务与要求核对各组资料准备情况。

4. 实施

(1)填制×××房地产项目工程竣工移交表的内容。

(2)每组成员制作电子文档进行讨论交流，并派代表进行展示。

5. 检查及评价

考评项目(100分)		自我评估	组长评估	教师评估	备注
素质考评 20	劳动纪律 5				
	积极主动 5				
	协作精神 5				
	贡献大小 5				
实训考评 20					
总结分析 20					
综合评价 40					

相关案例 4-3　关于承包方拒不移交项目工程资料给发包方的问题

2013 年 5 月，某房地产公司与某建工公司经招投标签订某家园 1—4 号住宅楼施工合同一份，合同价款约为 3 500 万元，竣工时间为 2014 年 6 月，2014 年 11 月经建设、设计、施工、监理单位四方验收合格并交付使用。后因工程款结算与支付产生争议，施工企业诉至市中院，要求支付工程欠款 1 800 余万元，开发企业提起反诉，要求施工企业支付工期延误违约金 440 余万元、质量赔偿金 55 万元、开发商须向商品房买受人承担的逾期交房违约金 290 余万元，法院经审理判决开发企业支付建工公司工程欠款 1 100 余万元，驳回了开发企业的全部反诉请求。开发企业不服一审判决上诉至省高院，省高院对一审判决予以维持。后开发企业向最高人民法院申请再审，最高院受理后在再审过程中双方达成了和解协议。因开发企业未履行和解协议，施工企业按和解协议约定请求法院恢复了对一审判决的执行。

该案从发生争议至今，施工企业一直坚持开发企业不付欠款就不予交付工程资料，导致开发企业在交房后不能进行备案验收，至今无法为商品房买受人办理产权证书，买受人根据房屋买卖合同约定纷纷提请仲裁。

在实践中，因发包人合同意识、法律风险意识淡薄，在施工合同中约定承包人未按合同约定时间和程序提交工程资料应承担违约责任的情况并不多见，加之发包人对验收程序不熟、资料掌握不全，甚至有怕麻烦的心理，由此发包人委托或要求承包人代替其与有关建设行政主管部门进行联系，办理验收及备案手续的情况较为普遍，所以工程资料由承包人保管便为理所当然。

这样一来，如果竣工后办理项目移交需交付资料时恰遇双方关系僵化，承包人便以此为制约手段，不交付资料也不配合竣工验收及备案手续的办理；即使承包人配合，竣工验收通过了，工程资料仍旧掌握在承包人手中，等到进入结算和工程款支付出现争议甚至诉诸法律时，或因工程未竣工导致对商品房买受人交房违约或无法备案导致办证违约等群体性纠纷法律风险出现时，再想从承包人手中索回工程资料办理备案手续，其难度及成本付出之大可想而知。因为在多数情况下，承包人借此拖延、拒不提交资料的方式来对付发包人大多是有意而为之。因此，作为发包人的开发企业应保持清醒的头脑来认识和应对潜在的或即将到来的法律风险，积极采取措施予以应对，避免被动及产生损失。

根据实践经验，提出以下几点应对建议供房地产开发企业参考：

（1）招投标程序中，在招标合同条件中设定，工程竣工前承包人应提交工程资料的时间、套数、标准、违约责任等，并明确要求施工单位在投标书中进行响应及承诺。

（2）在签订施工合同时，将招投标文件中关于工程资料提交的内容（尤其涉及违约责任的约定）在合同专用条款中予以明确约定或进行补充。

（3）该类风险问题解决的关键在于合同履行过程中风险应对意识的提高及应对手段的得力。开发企业应改变由施工单位人员掌控应提交的工程资料，在竣工验收或备案前后委托或事实上由施工单位进行验收或备案的于己不利的操作方式。

项目 5　房地产项目后期管理

子任务 1　房地产项目的回访与保修

学习目标

1. 了解房地产项目回访概念；
2. 了解房地产项目保修范围与期限；
3. 熟悉房地产项目回访与保修管理流程。

学习任务

　　按照任务实施的相关知识与实施内容的要求，学生可采取自由组合为学习小组的方式，利用课上课外时间对工作任务进行分析，并有针对性地提出解决问题的方法和技巧，根据任务分析理清解决问题的思路，填写任务实训表格中的相关内容并绘制房地产项目回访与保修管理流程图。

任务分析

　　知识点：

1. 了解房地产项目回访的形式；
2. 认识房地产项目回访与保修的重要性；
3. 掌握房地产项目回访保修管理内容。

　　技能点：

1. 能填制房地产项目的回访与保修记录表和保修单；
2. 结合调研项目，能编制房地产项目的回访与保修流程图。

　　态度点：

1. 能主动学习，在完成任务过程中发现问题、分析问题和解决问题；
2. 能与小组成员协商、交流配合完成学习任务；
3. 严格遵守安全规范、学习纪律。

任务实施

1.1　相关知识

　　房地产项目竣工验收后，为使项目在竣工验收后达到最佳状态和最长使用寿命，承建单位在工程移交时，必须向建设单位提出建筑物使用和保修指导要领，并在用户使用后，实行回访和保修制度。对房地产项目实行回访保修，有利于施工单位重视管理，加强责任心，搞好工程质量不留隐患，树立向人民和用户提供优质工程的良好作风。有利于及时听取用户意见，发现问题，找到工程质量的薄弱环节和工程质量通病，不断改进施工工艺，总结施工经验，提高施工、技术和质量管理水平。有利于加强施工单位同建设单位和用户的联系和沟通，增强建设单位和用户对施工单位的信任感，提高施工单位的社会信誉。

一、房地产项目的回访

在房地产项目竣工验收投入运行之后的一定期限内，设计单位、施工单位和设备供应单位等回头了解房地产项目的实际运行情况（如设计质量、功能实现程度、施工质量和设备运行状况等）和用户对维修的要求称为回访。

回访一般采用季节性回访、技术性回访、保修期满前的回访三种形式。

1. 季节性回访

大多是在雨季回访屋面及排水工程、制冷工程、通风工程、墙面的防水情况；在冬季回访锅炉房及采暖系统的情况。发现问题，应采取有效措施，及时解决问题。

2. 技术性回访

技术性回访主要是了解在工程施工过程中所采用的新材料、新技术、新工艺和新设备等的技术性能和使用后的效果，发现问题及时加以补救和解决。同时，也有利于总结经验，获取科学依据，为改进、完善和推广创造条件。

3. 保修期满前的回访

在保修期内，属于施工单位在施工过程中造成的质量问题，要负责维修，不留隐患。一般施工项目竣工后，以承包单位的工程款保留 5% 左右作为保修金，合同在保修期满后退回承包单位。

在进行工程项目回访时，必须填制《工程回访记录表》，见表 5-1。

表 5-1　工程回访记录表

编号：　　　　　　　　　　　　　　　　　　　　　　　　　　　　　　　　　回访日期：

工程名称			
业主、用户		合同编号	
交付时间		质量等级	
回访结论及存在问题			
用户意见：			
联系电话：	联系人签字（公章）：		
处理意见： 保修通知单编号：		回访人：	

二、房地产项目的保修

通过回访了解项目在运行中暴露出来的各方面问题，并根据用户的意见和要求，对需要进行处理的质量问题，在保修期内及时予以保修。

1. 保修范围与内容

施工单位与建设单位按照工程的性质和特点，具体约定保修的相关内容。房地产项目的保修范围一般包括：地基基础工程、主体结构工程、屋面防水工程、有防水要求的卫生间、房间和外墙面的防渗漏，供热与供冷系统、电气管线、给排水管道、设备和装修工程以及双方约定的其他项目，由于施工单位施工责任造成的建筑物使用功能不良或无法使用的问题都应实行保修。以下情况不属于保修范围，由建设单位自行组织修理：

(1)因使用不当或者第三方造成的质量缺陷；

(2)因不可抗力造成的质量缺陷。

2. 保修期限

根据建设部第 80 号令，房地产项目的最低保修期限为：

(1)地基基础和主体结构工程，为设计文件规定的该工程的合理使用年限。

(2)屋面防水工程、有防水要求的卫生间、房间和外墙面的防渗漏，为 5 年。

(3)供热与供冷系统，为 2 个采暖期、供冷期。

(4)电气系统、给排水管道、设备安装为 2 年。

(5)装修工程为 2 年。

(6)住宅小区内的给排水设施、道路等配套工程及其他项目的保修期由建设单位和施工单位约定。

在进行工程项目的保修时，必须填制《工程保修单》和《工程保修信息登记表》，见表 5-2、表 5-3。

表 5-2　工程保修单

公司名称		联系电话	
用户姓名		登记编号	
装修房屋地址			
设计负责人		施工负责人	
进场施工日期		竣工验收日	
保修期限	年　　月　　日至　　　　年　　月　　日		

甲方代表(签字盖章)：　　　　　　　　　　乙方(签字盖章)：

注：1. 从竣工验收之日计算，保修期为　　年。

　　2. 保修期内于乙方施工不当造成质量问题，乙方无条件地进行维修。

　　3. 保修期内如属甲方使用不当造成装饰面损坏，或不能正常使用，乙方酌情收费。

　　4. 本保修单在甲方签字、乙方盖章后生效。

表 5-3　工程保修信息登记表

单位：　　　　　　　　　　　　　　　　　　　　　　　　　　　　　编号：

工程名称			
业主、用户		合同编号	
联系人		电话	
保修内容			
保修负责人： 　　　　　　年　　月　　日		签发人： 　　　　　　年　　月　　日	
用户评价： 　　　　　　　　　　　　　　　　签字(公章)　　年　　月　　日			

三、房地产项目回访与保修的意义

房地产项目的回访保修过程是承包人在施工项目竣工验收后因使用状况和质量问题向用户访问了解，并按照有关规定及"工程质量保修书"的约定，在保修期内对发生的质量问题进行修理并承担相应经济责任的过程。所以，房地产项目的回访保修工作有着重要的意义。

第一，有利于项目经理重视项目管理，提高工程质量，减少修理任务。

第二，有利于承包人听取用户意见，履行回访保修承诺，改进工程质量。

第三，有利于改进服务方式，增强用户对承包人的信任感，承包人编写用户服务卡、使用说明书、维修服务事项等资料赠给用户，既方便了用户的使用和维护，又树立了为用户服务的良好企业形象。

1.2 实施内容

一、目的

房地产项目质量保修和回访属于项目竣工后的管理工作。这时项目经理部已经解体，一般是由承包企业建立施工项目交工后的回访与保修制度，并责成企业的工程管理部门具体负责。为提高工程项目质量，听取用户意见，改进服务方式，承包人应建立与发包人及用户的服务联系网络，及时取得信息，依据《建筑法》、《建设工程质量管理条例》及有关部门的相关规定，履行施工合同的约定和《工程质量保修书》中的承诺，并按计划、实施、验证、报告的程序，搞好回访与保修工作。

该项目任务要求根据房地产项目保修与回访的理论知识和相关资料的准备，查阅不同类型的房地产项目保修与回访案例，结合实际房地产项目的实地调研，完成××房地产项目回访与保修流程图的编制任务。

二、房地产项目保修的管理

房地产项目的保修管理内容主要包括以下四个方面：

1. 确定回访保修时限

竣工工程一年内每半年应回访一次，第二年每年回访一次，第三年年底回访一次，每次回访要有记录，发现质量问题及时保修。

2. 签订保修合同

(1)工程项目竣工验收前，根据政府规定，施工单位须提供工程各分项在合理使用寿命年限内承担保修的保证书，即《住宅质量保证书》。

(2)工程移交后，建设方与施工方签订保修合同，项目工程部将《保修合同》和《住宅质量保证书》一同交技术部存档，给售楼部、物业公司各抄送一份。由售楼部或物业公司给业主以明确公司质量保证的义务、业主使用的权利和义务。

3. 工程保修

(1)在保修期内，项目工程部接到工程质量保修信息后，指令技术部做好保修信息登记工作，填写《工程保修信息登记表》和《工程保修单》，交项目工程部组织保修工作，此项工作须在1个工作日内完成。

(2)项目工程部组织施工单位进行工程保修，施工单位应在要求时间内完成工程保修，并将结果以书面形式报告项目工程部，项目工程部在《工程保修单》的"保修情况"栏目内填写，综合将《工程保修单》及施工单位书面材料交技术部。

（3）技术部通过电话或现场核实的形式向物业管理公司了解工程保修是否完成、满意，并在《工程保修单》的"跟踪验证"栏目上注明后存档。

4. 工程回访

（1）项目工程部应对已交付的工程进行保修期内的回访，调查人数不少于20％入伙业主。

（2）工程回访可采用电话、信函或现场调查方式，或委托物业管理公司回访，做好《工程回访记录》，若是现场调查，须有业主签名，回访结果以《工程回访报告》形成。

1.3 任务实训

工作任务	绘制××房地产项目回访保修流程		学时	2
姓 名		学 号	班 级	日 期

任务描述：根据房地产项目保修与回访的理论知识和相关资料的准备，查阅不同类型的房地产项目回访与保修案例，结合实际房地产项目的实地调研，完成××房地产项目回访与保修流程图的编制任务。

1. 咨询（课外完成）

（1）阐述××项目的概况。

（2）相关问题

①房地产项目保修措施有哪些？

②房地产项目质量保修责任有哪些？

③房地产项目的回访类型除了教材中阐述的三种类型外还有哪些？

2. 决策（课外完成）

房地产项目回访与保修的管理流程有哪些？

3. 计划

进行项目编组，项目小组人员数一般以5～10人为宜。根据老师布置的实训任务与要求核对各组资料准备情况。

4. 实施

（1）绘制房地产项目回访与保修管理流程图。

（2）制作PPT进行展示与交流。

5. 检查及评价

考评项目（100分）		自我评估	组长评估	教师评估	备注
素质考评 20	劳动纪律 5				
	积极主动 5				
	协作精神 5				
	贡献大小 5				
实训考评 20					
总结分析 20					
综合评价 40					

相关案例 5-1　翡翠海岸工程项目回访保修计划

一、编制依据

1.《建设工程质量管理条例》

2.《房屋建筑工程质量保修办法》

3.《建设工程质量管理办法》

4.《保修服务管理办法》

二、工程概况

翡翠海岸花园工程位于深圳市南山区蛇口东海岸区后海滨路和科苑大道交叉口的东北侧，与香港隔海相望，翡翠海岸工程总占地面积 33 894.17 m²，总建筑面积 115 882.33 m²，建筑最大总高度为 106.68 m，由 6 栋高层住宅楼及一层商业铺组成，地下室 1 层，地上 26～30 层。

三、工程保修范围及内容

(1)屋面漏雨。

(2)烟道、排气孔道、风道不通。

(3)室内地坪空鼓、开裂、起砂、有防水要求的地面漏水。

(4)内外墙及天棚耐水腻子脱落、起皮。

(5)塑钢窗、防火门、户门开关不灵或缝隙超过规范规定。

(6)厨房、厕所、盥洗间地面泛水、倒坡、积水。

(7)外墙塑钢窗渗水、地下室漏水。

(8)室内上、下水，供热系统管道漏水，暖气不热，电器、电线漏电，照明灯具坠落。

(9)室外上下水管道漏水、堵塞。

(10)钢筋混凝土、砌体结构及其他承重结构变形、裂缝超过国家规范和设计要求，因施工单位造成的其他质量问题。

四、保修单位

承包范围_____ 公司名称_____

负责人_____ 联系电话_____

(1)主体结构、二次结构劳务分包_____

(2)精装修分包_____

(3)暖通分包_____

(4)电气分包_____

(5)室外工程_____

五、保修期限

在正常使用条件下，建设工程的最低保修期限为：

(1)基础设施工程、房屋建筑的地基基础工程和主体结构工程，为设计文件规定的该工程的合理使用年限。

(2)屋面防水工程、有防水要求的卫生间、房间和外墙面的防渗漏，为 5 年。

(3)供热系统为 2 个采暖期。

(4)装修工程为 2 年，建设工程的保修期，自竣工验收合格之日起计算。

六、保修组织机构

翡翠海岸甲方负责人：负责甲方保修的全面领导工作。

翡翠海岸项目经理：负责保修的全面领导工作。

翡翠海岸维修经理：负责土建及装修保修工作及物业协调工作。

七、保修人员行为准则

(1)自觉遵守国家法律、法规和物业管理的各项规则制度。

(2)尊重建设单位、物业管理部门管理人员，自觉听从建设单位、物业管理部门的统一调度，24小时随叫随到。

(3)自觉维护企业信誉和利益，积极宣传企业《保修服务管理办法》。

(4)没有物业管理部门的允许，没有项目经理部保修领导小组的带领，保修人员不准私自进入住户房间。进出住户先打招呼，经过允许，方可出入，只准在指定部位作业。

(5)保修人员穿戴要统一，衣冠整洁，举止文明，保修作业时不粗言乱语，不大声喧哗，不吸烟，不随地吐痰。

(6)自觉爱护住户物品，不乱闯、乱碰、乱写、乱画，损坏物品，照价赔偿。

(7)保修完毕后，将房间打扫干净，带走垃圾。及时向保修小组负责人汇报保修工作完成情况及住户的反映情况。

(8)严禁保修人员接受业主的任何馈赠。

(9)对物业钥匙移交要办理移交手续，双方交接人签字。

(10)在保修期间每天要认真做好记录，如发现质量事故首先要诊断问题是由谁造成的，分清责任，再做处理。并按公司保修管理的办法对质量问题调查、处理、理赔等工作做好记录。

(11)如有重大问题必须第一时间向公司主管领导口头请示，特别重大事件12小时内提出书面报告。

八、保修操作程序

保修操作总体要求如下：

(1)项目经理部现场设置保修服务办公室和服务电话。

(2)保修服务办公室24小时内必须有保修小组值班，随时保持电话线路畅通。值班人员必须及时做好电话记录，登记在册建立台账。

(3)保修小组每日做好当天保修日记，保存保修单据并整理成册，建立保修台账。

(4)保修小组每月按照器材设备处要求提出保修设备、材料的需用计划。

(5)保修小组每月需将当月保修服务情况统计，整理后上报公司技术质量部。

具体流程如下：

(1)接到建设单位或物业单位发出的保修通知，按要求填写《客户报修登记表》。

(2)按业主的紧急程度、问题的大小分类，24小时内给予准确答复并维修一般质量问题，重大问题第一时间向公司技术质量部报告。

(3)经现场核查将实际情况记录清楚，并请业主签认，业主同意保修的，第一时间安排人员进行维修。业主要求签订和索赔的，立即通知项目经理和公司技术质量部。

(4)一般问题，认真分析原因，按照施工图纸保修施工。重大问题保修方案应报公司技术质量部、水电风处审批，然后报建设单位、业主签认。涉及结构安全的质量缺陷，由原设计单位提出保修方案。

(5)组织人员、设备、材料按照保修计划进行保修。

(6)经保修小组自检合格后，将保修记录收集整理归档。

(7)因质量缺陷对客户造成人身、财产损害的，客户要求索赔的，转入理赔程序继续处理。

(8)每年年终项目部要对本年度保修期工作进行书面总结，详细汇报保修期内发生的保修项目、保修服务情况、顾客投诉的处理情况以及分承包方保修服务评价，并将保修工作总结报告报公司技术质量部备案。

（9）保修期满（一般为2年），把保修资料汇总后交到公司技术质量部，解散保修人员。

（10）因质量缺陷对客户造成人身、财产损害的，客户要求索赔的应转入理赔程序继续处理。

九、理赔

理赔原则如下：

（1）自觉维护企业利益的原则。

（2）积极响应与坚持原则相结合的原则。

（3）分级谈判协商，必要时启动法律程序的原则。

（4）赔偿款及赔偿协议必须经公司技术质量部审批并备案。

（5）坚持"三不放过"（问题异常原因不清不放过、责任不清不放过、预防措施不到位不放过）的原则。

理赔操作程序如下：

（1）保修人员将工程保修记录表及初步结论报项目维修办公室。

（2）经实地核查将质量事实记录清楚，并请客户签认，进行调查研究。

（3）针对问题造成损失逐项核实，做损失明细台账。

（4）按照公司的指示和授权，与客户协商问题处理办法、确定协商内容、签订协议。

（5）按照协议结果进行赔偿，建立赔偿台账。

（6）保修服务后，项目维修办公室将保修记录及调查、处理报告收集整理归档。

十、有偿服务

（1）保修期满后的服务为有偿服务。

（2）顾客提出维修要求，由技术质量部、合同预算处与之签订维修协议，协议包括维修内容、费用、付款方式、维修时间及验收标准。

（3）项目维修办公室在协议规定的时间内组织完成维修工作。

十一、回访计划

（1）每年组织不少于雨季和冬季两次客户回访工作，并认真填写《回访记录表》，上报公司。

（2）积极协助公司回访人员工作，虚心接受回访时业主提出的意见，组织有关人员及时解决，并做书面工作总结。

（3）认真接受保修服务考核，项目经理应认真执行保修管理办法，做好保修人员的管理工作，圆满完成保修任务。

子任务2　房地产项目后评价与总结

📖 **学习目标**

1. 了解房地产项目后评价的意义与作用；

2. 了解房地产项目后评价的范围和内容；

3. 了解房地产项目后评价的类型。

按照任务实施的相关知识与实施内容的要求,学生可采取自由组合为学习小组的方式,利用课上课外时间对工作任务进行分析,并有针对性地提出解决问题的方法和技巧,根据任务分析理清解决问题的思路,结合实际调研项目,完成任务实训表格中的相关内容并编制房地产项目后评价实施流程图。

任务分析

知识点:

1. 了解房地产项目后评价的概念;

2. 了解房地产项目后评价的任务;

3. 掌握房地产项目后评价的程序。

技能点:

1. 结合具体房地产项目,能分析房地产项目后评价指标;

2. 根据实际调研项目,能编制房地产项目后评价实施流程图。

态度点:

1. 能主动学习,在完成任务过程中发现问题、分析问题和解决问题;

2. 能与小组成员协商、交流配合完成学习任务;

3. 严格遵守安全规范、学习纪律。

任务实施

2.1 相关知识

房地产项目交付使用后,还需要对项目进行后评价与总结。后评价是指在项目已经完成并运行一段时间后,对项目的目的、执行过程、效益、作用和影响进行系统的、客观的分析和总结的一种技术经济活动。项目后评价是指对已经完成的项目的规划目标、执行过程、效益、作用和影响所进行的系统的客观的分析。项目后评价于 19 世纪 30 年代产生于美国,直到 20 世纪 70 年代,才广泛地被许多国家和世界银行、亚洲银行等双边或多边援助组织用于世界范围的资助活动结果评价中。如今,房地产项目后评价是项目周期的重要环节,也是项目决策管理不可缺少的重要手段。

一、房地产项目后评价的概念与任务

1. 房地产项目后评价的概念

房地产项目后评价是指在房地产项目投资完成之后,对项目的前期工作、项目建设、建成后经营管理情况等进行客观分析、检查和总结,从而判断已完成项目的最终实现情况,以及对项目的前评估(即可行性研究)和相关决策的正确性做出一个客观的评价。

2. 房地产项目后评价的任务

房地产项目后评价一般由房地产项目投资决策者、主要投资者提出并组织,项目法人根据需要也可组织进行项目后评价。项目后评价应由独立的咨询机构或专家来完成,也可由投资项目决策者组织独立专家共同完成。所谓"独立",是指从事房地产项目后评价的机构和专家应是没有参加项目前期和工程实施咨询业务和管理服务的机构或个人。

房地产项目后评价的主要任务如下：

(1)全过程的回顾和总结。从房地产项目的前期准备到竣工验收，全面系统地回顾各个阶段的实施过程，总结经验、查找问题、分析原因。

(2)实施效果和效益的分析评价。对房地产项目的工程技术成果、财务效益、经济效益、环境影响、社会影响等进行分析评价，对照项目可行性研究及咨询评估的结论和主要指标，找出变化和差别。

(3)目标和持续性的评价。对房地产项目目标的实现程度及其适应性、项目的持续发展能力、项目的成功度进行分析评价。

(4)总结经验教训，提出对策建议。总结建设项目成功的经验和应吸取的教训，针对建设项目实施和运营中存在的问题提出相应的对策和建议。

二、房地产项目后评价的意义与作用

房地产项目后评价从本质来讲，是对建设完成后的房地产项目的实际效果与预期目标的信息追踪和信息反馈，是实施控制手段的一种科学方法。通过对房地产项目进行后评价，可以把评估预测的结果与实际发生的结果进行对比分析，找出差距，发现项目管理中的漏洞，适时地改进管理方法，采取相应的有力措施来进行弥补与完善，力争在将来的管理工作中把失误减少到最低程度。

项目后评价是实现项目运行管理科学化的手段。任何一个房地产项目的决策都要受到政治、经济、文化、技术、资源和环境等诸多不确定性因素的综合作用，在项目决策时不可能准确地掌握各种因素。在项目的实施过程及建成后的运行中，由于内外环境各因素的变化形成了项目的不稳定性。通过项目后评价可以了解房地产项目管理过程中相关因素的各种变化，从中可以掌握某些变化的趋势，从而在未来发生突发事件时能及时采取相应措施，通过加强管理来实现既定目标，并有效地获得投资的最佳经济效益。

通过房地产项目的后评价，可以检验项目在建设乃至投产后的投资效果，从而加强对项目的投资控制与管理。

三、房地产项目后评价的分类

1. 按评价时间不同划分

根据评价时间不同，房地产项目后评价可分为项目跟踪评价、项目实施效果评价和项目影响评价。

(1)项目跟踪评价是指项目开工以后到项目竣工验收之前任何一个时点所进行的评价，又称为项目中间评价。

(2)项目实施效果评价是指项目竣工一段时间之后所进行的评价，就是通常所说的项目后评价。

(3)项目影响评价是指项目后评价报告完成一定时间之后所进行的评价，又称为项目效益评价。

2. 按决策的需求不同划分

根据决策的需求不同，房地产项目后评价可分为宏观决策型后评价和微观决策型后评价。

(1)宏观决策型后评价是指涉及国家、地区、行业发展战略的评价。

(2)微观决策型后评价是指仅为某个项目组织、管理机构积累经验而进行的评价。

四、房地产项目后评价范围与内容

房地产项目后评价涉及项目周期的全过程，即从项目的决策、准备、实施到运营，全面系统地对各个阶段进行总结，发现问题，分析原因。全过程的回顾和总结一般可分为四个阶段，即前期决策、建设准备、建设实施、投产运营。

1. 前期决策阶段的总结与评价

（1）房地产项目可行性研究的总结评价。对房地产项目可行性研究报告后评价的重点是项目的目的和目标是否明确、合理；项目是否进行了多方案比较，是否选择了正确的方案；项目的效果和效益是否可能实现；项目是否可能产生预期的作用和影响。在发现问题的基础上，分析原因，得出评价结论。项目可行性研究评价结论内容包括：市场和需求预测、建设内容和规模、工艺技术和装备、原材料供应、项目配套设施、项目投资估算和资金筹集、项目财务分析和经济分析等。

（2）房地产项目评估的总结评价。房地产项目评估报告后评价的重点是对项目评估报告目标的分析评价、对项目评估报告效益指标的分析评价和对项目评估报告风险分析的评价等。

（3）房地产项目决策的评价。房地产项目决策的评价包括：项目决策程序的分析评价、投资决策内容的分析评价和决策方法的分析评价三部分内容。

2. 建设准备阶段的总结与评价

（1）对房地产项目勘察设计的总结与评价。对勘察设计单位的选定方式和程序、能力和资信情况以及效果进行分析评价；对勘测工作质量进行评价，结合工程实际分析，工程测绘和勘测深度及资料对工程设计和建设的满足程度；对设计方案的评价，包括设计指导思想、方案比选、设计更改等各方面的情况及原因分析；对设计水平的评价，包括总体技术水平，主要设计技术指标的先进性、可靠性、实用性，新技术装备的采用、设计工作质量和设计服务质量等。

（2）对房地产项目投资融资方案的评价。评价的重点是根据项目准备阶段所确定的融资方案，对照实际实现的融资方案，找出差别和问题，分析利弊。同时还要分析实际融资方案对项目原定的目标和效益指标的作用和影响，特别是根据融资成本的变化，评价融资与项目债务的关系和对今后的影响。在可能的前提条件下，后评价还应分析项目是否可以采取更加经济合理的融资方案。另外，项目贷款谈判也是融资的一个重要环节，谈判中的各种重大承诺关系，也是后评价应关注的问题。

（3）采购（招投标）工作的评价。房地产项目的建设以招标方式选择实施单位，符合建设市场经济规律的管理模式。项目采购招标的主要内容包括建设工程、设备物资、咨询服务三项采购。采购（招投标）工作的后评价应包括采购（招投标）公开性、公平性和公正性的评价，后评价应对采购（招投标）活动中的资格审查、执行程序、遵循的法规、规范等进行评价，同时，还要分析该项目的采购（招投标）是否有更加经济合理的方案。

（4）开工准备的评价。房地产项目开工准备的后评价是项目后评价的一项重要内容，特别是项目建设内容、厂址、工程技术方案、融资条件等，若在此阶段发生重大变化，应注意这些变化及其可能对项目目标、效益、风险的影响。项目开工准备评价的工作：项目组织机构（项目法人）的建立；通过招标选择项目代理单位；通过招标选择项目施工单位和工程咨询服务单位；土地征购及拆迁安置工作；按照批准的施工组织设计总平面布置图，做好"四通一平"；工程进度计划和资金使用计划的编制；编制并报批开工报告。

3. 建设实施阶段的总结与评价

(1)合同执行的分析评价。合同是项目业主(法人)依法与承包商、供货商、制造商、咨询者签订的有关协议或有法律效应的文件，以确定相互之间的权利和义务关系。履行合同是项目实施阶段的核心工作，因此，合同履行情况的分析是项目实施阶段评价的一项重要内容，包括勘察设计、设备物资供应、工程施工、工程监理、咨询服务等合同的签订及管理等。项目后评价的合同分析一方面要评价合同依据的法律规程和程序；另一方面要分析合同的履行情况和违约责任及其原因。在工程项目合同后评价中，应注意工程监理的评价。后评价应根据合同条款内容，对照项目实际情况，找出问题或差别，分析差别的利弊，分清责任。同时，要对工程监理发生的问题以及可能对项目总体目标产生的影响加以分析，得出结论。

(2)工程实施及管理评价。对项目实施管理的评价主要是对工程的造价、质量和进度的分析评价。工程管理评价是指管理者对工程进度、质量、造价等指标的控制能力及结果的分析。这些分析和评价可以从工程监理和业主管理两个方面进行，同时分析领导部门的职责，包括工程造价控制评价、工程质量控制评价、工程进度控制评价。

(3)项目资金使用的分析评价。资金使用情况分析的主要内容包括：资金来源的对比和分析；评价资金来源是否正当，资金供应是否适时、适度，项目所需流动资金的供应及适用状况。

(4)项目竣工评价。包括项目完工评价与投产前准备工作评价。

4. 投产运营阶段的总结与评价

(1)房地产项目运营状况的小结。项目运营状况是指到项目后评价时点之时，项目投运以来的生产、运行、销售和盈利情况。主要评价指标有达到设计能力、生产变化、财务状况等。

(2)房地产项目效益预测。一是对项目评价时点以前已经完成的部分进行总结；二是对项目评价时点以后的工作进行预测。总的来说，就是把评价时点之前已经完成的工作内容进行分析评价，发现问题，提出对策；预测，就是以评价时点为起点，通过对项目已发生情况和发展趋势的分析，预测项目未来的前景。

项目投入运营后的预测包括：达到设计能力状况及预测、市场需求状况及未来预测、项目竞争能力现状及预测和项目运营外部条件现状及预测等。

2.2 实施内容

一、目的

工程咨询业"十二五"发展规划纲要指出："各级政府投资管理部门要健全政府投资项目后评价制度，规范后评价工作程序、内容和方法，加强后评价管理和监督，建立信息反馈机制，加快后评价成果的应用，推进政府投资监管体系和责任追究制度的建立和完善。工程咨询单位要遵循独立、公正、客观、科学的原则，对规划或项目的目标实现情况、决策和实施过程、实施的效果、作用和影响等进行全面系统的分析和评价，总结经验教训，提出改进建议。"可见，切实注重项目后评价工作势在必行。该项目任务要求在所阐述的房地产项目后评价有关理论知识的基础上，利用各种媒介查阅房地产项目后评价实施管理流程，结合身边房地产项目的调研资料，编制房地产建设项目后评价实施流程图。

二、房地产项目后评价程序

房地产项目后评价是一项技术性强、综合性强的复杂的工作，因此，进行项目后评价时必须遵循科学的工作程序。其具体工作程序如下：

1. 制订计划阶段

（1）提出问题，制定房地产项目后评价工作计划。

（2）组建后评价小组。评价小组一般应包括经济技术人员、工程技术人员、经济管理人员和市场分析人员，还应包括直接参与项目准备和实施的工作人员。

（3）拟定房地产项目后评价工作大纲。

2. 收集资料阶段

应由专业人员收集项目从筹建到施工、竣工和生产经营中的资料。具体包括以下内容：

（1）建设前期资料。如决策资料、项目建议书、可行性研究报告、初步设计、施工图设计、工程概算与预算、各种合同、投资方的资料、项目背景和市场资料等。

（2）竣工及生产经营中的资料。如竣工决算、人员配置和机构设置、对项目进行重大技术改造的相关资料等。

（3）对项目进行重大技术改造的相关资料。

3. 评价阶段

根据资料进行分项评价，再根据分项评价进行综合评价。

4. 总结阶段

编制房地产项目后评价报告，对项目后评价结果进行检验，并把项目后评价结果和建议反馈给有关部门。

三、房地产项目后评价指标

根据房地产项目的不同，指标设计的侧重点会有所不同。一般来说，房地产项目后评价指标内容，见表5-4。

表5-4 房地产项目后评价指标

序号	指标内容	内容说明
1	工期指标	施工工期是从工程开工一直到竣工验收的全部时间。在进行后评价时，对工期的评价应以国家规定的工期定额为标准，以合同工期为最终目的。工期的具体评价指标可用施工项目定额工期率来表示：项目定额工期率＝[项目实际工期/项目定额（计划）工期]×100%
2	质量指标	房地产项目的质量指的是建筑安装产品的优劣程度。建筑安装产品质量的好与坏，是衡量项目生产、技术和管理水平高低的重要标志。在具体的评价过程中，衡量质量好坏的指标可用实际工程合格（优良）率来表示：实际工程（优良）品率＝[实际单位工程合格（优良）品数量/竣工验收的单位工程总数]×100%
3	经济效益指标	从投资角度出发，房地产项目的建成、投产，归根结底是为了实现一定的赢利，取得一定的利润，实现预期的经济效益目标。反映房地产项目经济效益的指标主要有：产值利润率＝项目实现的利润总额/项目完成的总产值；实际建设成本变化率＝[(实际建设成本－预计建设成本)/预计建设成本]×100%；实际投资利润率＝(年实际利润或年平均实际利润额/实际投资额)×100%
4	社会效益指标	房地产项目的实施不仅消耗了社会的资源，还增加了环境污染，所以在对房地产项目进行后评价时，还应对项目的社会效益进行评价，其评价指标主要有：实物消耗节约率＝[(预算定额物耗费－实际物耗费)/预算定额物耗费]×100%；能源消耗包括电、燃油、煤和水等

序号	指标内容	内容说明
5	施工技术指标	(1)施工均衡度＝建设期内施工高峰人数/建设期内施工平均人数。 (2)机械效率＝建设期机械实际作业台班数/建设期机械平均总台班数＝建设期实际完成总产量/建设期机械的平均总能力。 (3)劳动生产率＝建设期自行完成建筑安装的总工作量/年平均人数。 (4)伤亡强度＝[建设期内因伤亡事故而损失的劳动量(工日)/建设期内总劳动量(工日)]×100%
6	管理水平	管理水平反映的是管理者的领导水平，被领导者的自身素质，以及施工企业的组织机构、管理方法和手段、管理的信息反馈等。管理现代化水平的定量计算可采用专家打分与权重相乘后求和的方法，权重可由专家确定

2.3 任务实训

工作任务	编制××房地产建设项目后评价实施流程图		学时	2
姓　名		学　号	班　级	日　期

任务描述：在所阐述的房地产项目后评价有关理论知识的基础上，利用各种媒介查阅房地产项目后评价实施管理流程，结合身边房地产项目的调研资料，编制房地产建设项目后评价实施流程图。

1. 咨询(课外完成)

(1)房地产项目后评价与房地产项目可行性分析的比较。

(2)相关问题

①房地产项目后评价的特点是什么？

②房地产项目后评价的方法有哪些？

③阐述房地产项目后评价报告的基本框架。

2. 决策(课外完成)

分析房地产项目后评价工作流程。

3. 计划

进行项目编组，项目小组人员数一般以 5～10 人为宜。根据老师布置的实训任务与要求核对各组资料准备情况。

4. 实施

(1)编写××房地产建设项目后评价实施流程图。

(2)制作 PPT 进行展示与交流。

5. 检查及评价

考评项目(100 分)		自我评估	组长评估	教师评估	备注
素质考评 20	劳动纪律 5				
	积极主动 5				
	协作精神 5				
	贡献大小 5				
实训考评 20					
总结分析 20					
综合评价 40					

一、项目简介(略)

二、项目实施过程后评价

1. 项目策划后评价

本项目早在 1999 年 6 月公司就已经关注该地块,并对该区域进行了认真的市场调查和分析,对宏观环境的把握、微观环境的调查都比较准确清晰,用数据说明问题,简洁、说服力强。从实施效果来看,由于进行了大量的市场调查和认真的分析,项目的定位是比较客观和准确的。地块的环境分析通过统计资料、消费者拦截调查、周边项目的售价,做出了较为深刻的论证。但总的来说,经实践证明,本项目对弥补方庄地区高档项目的不足、促进地区经济发展、满足消费者的需要起到了积极作用,该决策是完全正确的。

2. 项目规划设计评价

项目设计从 2000 年 1 月开始启动,经历了前期勘察;楼盘考察;概念方案设计招标;方案设计优化;方案设计报建;初步设计深化报建;施工图设计;施工、销售过程中的优化调整;景观方案设计;施工图设计;外装饰工程的方案设计;施工图设计;灯饰工程的设计。主要设计工作于 2000 年底完成。该项目设计主要的优点如下:

(1)平面布局相对合理,基本能满足各功能的需求。

(2)外立面设计颇具特色。

(3)景观设计别具一格。

(4)结构设计、消防设计的控制较好,即使项目存在很多变更,但并未改变结构、消防的原设计。

设计频繁变更的主要原因如下:

(1)在设计工程中,缺乏与各部门之间的沟通,设计管理有待改善。

(2)由于户型组合等的调整,导致设计变更频繁,影响施工进度;由于欠缺经验,导致设计中考虑因素不够全面,造成一些工程返工。

(3)设计深度不够,就急于开工上马,在合同条款上没有进行严格控制。

三、项目施工评价

1. 项目成本控制评价

该项目在成本控制上,由于编制概预算的人员经验丰富,并聘请专业的成本顾问公司,估算比较合理、准确,对各项成本指标的控制是比较严格的,加上开发公司派专人监督项目成本,实行项目成本层层负责制,大大提高了成本控制的力度和深度。

2. 工程质量评价

该项目从 2000 年 12 月开工建设至 2003 年 6 月通过竣工验收,工程质量目标完成较好,施工质量好,没有出现较大的质量问题。工程中甲方和监理方对施工单位质量管理体系实施状况进行了监控,监督检查在工序施工过程中的施工人员、施工机械设备、材料、施工方法及工艺或操作状态,以保证符合质量的要求。开发商、监理方和施工方都认真做好了施工过程中的检查验收工作,对于各工序的产出品和重要部位,先由施工单位按规定自检,自检合格后,向监理工程师提交"质量验收通知单",经监理工程师确认合格后,才能进入下一道工序。严格控制材料质量,对工程材料、混凝土试块、砂浆试块、受力钢筋等实行取样送检制度。施工过程中，涉及材料配合比、不同材料的混合拌制作业，施工人员和监理工程师认真做好相关的质量控制工作。该项目紧挨交通主干线，施工方案的选择，必须考虑尽量减少对交通运输的干扰，缩短混凝土在途中运输的时间，最大限度地减少噪声对居民的影响。施工中必须强化安全意识，精心施工，一丝不苟，该项目没有发生重大安全质量事故，工程优良率达到了92%以上。

四、项目营销推广及招商情况评价

该项目从营销和招商效果来看是比较成功的，时代芳群小区项目截止到2004年6月30日，住宅销售515套，占可售住宅的98%；地下车库销售车位144，占可售车位的66%。目前时代芳群销售收入为61 618.58万元，其中：住宅销售收入60 181.00万元，车库销售收入1 437.58万元；预计余房及车库销售收入为2 021万元，其中：住宅6套收入为1 100万元（原价1 120万元的90%），车位71个收入639万元（原价710万元的90%）；预计时代芳群总销售收入为63 358万元，住宅销售均价6 886元/m²。时代芳群共有住宅524套，其中，二居室151套，占总套数的29%；三居室271套，占总套数的52%；四居室102套，占总套数的19%。

五、项目营运评价

项目采用统一营销推广、统一的物业管理模式，策划、建立、经营在统一的组织体系下的运作，注重客户的选择权，为顾客提供一站式服务，公司为了反复提升企业品牌、增强融资能力、扩大企业现金流，由专业物业管理公司对商业的日常运作提供保洁服务、绿化维护、安全及交通管理、车辆及场地管理、设备养护、公用设备设施养护、商业事务管理、档案及数据的管理、智能化的服务等，把质量责任作为各个环节的重点，遵循职责分明、线条清晰、信息流畅和高效的原则，各岗位的人员设置应遵循精简、高效的原则，并对物业管理人员进行了培训，保证了高效、有序的运作，为实现物业的增值保值提供了保证。

六、项目效益评价

(1)销售售出评价。2001年项目刚开始销售，处在项目预热阶段，尽管采取了很多促销手段，实际销售额还是比预计销售额低4%。2002年，项目凭借前期的预热，实际销售额和预计销售额基本相当。2003年，项目进入准现房阶段，伴随着房价的上涨，实际销售额比预计销售额高出26.1%。

(2)项目社会经济效益评价。该项目的建成，填补了方庄小区缺少中高档小区的空白，对带动周边经济的发展起到了一定的促进作用。为该项目服务的物业公司，聘用了100多名员工，为缓和失业做出了贡献。并且项目的运营带动了周边的餐饮、娱乐、零售等服务业的发展。

七、项目影响评价

本项目处于城市主干道旁边，受到严重的空气和噪声污染，在建设过程中，大量的运用环保材料，隔声防污效果明显。该项目在规划中以人为本、注重与周边环境相结合的原则，合理组织交通体系，该项目的建成具有良好的环境效益。

八、项目的经验教训

在项目充分的市场调研的基础上，正确的选址、较为准确的定位、恰当的策划决策、充裕的资金，保证了项目的顺利实施。

在项目的执行管理上，要明确各个部门、各个岗位的权、职、利，加强各个部门及其员工的沟通与协调，使得运作更加规范，特别是注重设计的协调，尽量减少设计变更所带来的工期的延长和费用的增加。

在成本控制上，开发公司结合实际合理运用材料，并采用项目成本负责制的方式，极大地为公司节省了成本，这一点确保了项目的投资控制在限制范围内。

在项目的营销推广中，根据销售情况，及时反馈客户信息，处处本着以顾客为本的精神，尽量满足客户的合理化要求，是项目销售较好的一个原因。

另外，物业公司提前介入，充分做好接收物业管理的准备，对隐蔽工程也认真做好记录，为日后的维修做到心中有数。

子任务3 房地产项目使用管理

学习目标

1. 了解物业与物业管理概念；
2. 了解物业管理的业务范围；
3. 了解物业管理企业的形式。

学习任务

按照任务实施的相关知识与实施内容的要求，学生可采取自由组合为学习小组的方式，利用课上课外时间对工作任务进行分析，并有针对性地提出解决问题的方法和技巧，根据任务分析理清解决问题的思路，结合调查项目，完成任务实训表格中的相关问题。

任务分析

知识点：

1. 了解物业管理企业的概念；
2. 认识物业管理在房地产项目管理中的作用；
3. 掌握物业管理企业资质等级的条件。

技能点：

1. 能根据物业管理企业的资质条件判定资质等级；
2. 能针对物业管理企业资质失效的现状提出处理意见。

态度点：

1. 能主动学习，在完成任务过程中发现问题、分析问题和解决问题；
2. 能与小组成员协商、交流配合完成学习任务；
3. 严格遵守安全规范、学习纪律。

任务实施

3.1 相关知识

房地产项目交付给业主使用，并不意味项目管理的结束。房地产项目交付使用后，面临着管理、养护、修缮的问题，这就需要物业管理的介入。因此，房地产项目后期管理还包括项目使用管理，即物业管理。

一、物业管理的基本概念

1. 物业的概念

"物业"一词是由英语"estate"或"property"引译而来的，含义是"财产、资产、拥有物、房地产"等，是一个较为广义的范畴。而现实中所说的"物业"是一种狭义范畴，指各类有价值(经济价值和使用价值)的土地、房屋及其附属市政、公用设施、毗邻场地等。物业可以是未开发的土地，也可以是整个住宅小区或单体建筑，包括高层与多层住宅楼、综合办公楼、商业大厦、旅游宾馆、工业厂房、仓库等。根据目前许多物业管理企业所开展的业务范围，物业的概念在逐步扩大，例如：学校、医院、园林等也属于物业的范畴。

物业一词无论怎样理解，其应该包括的内容主要有以下几项：

(1)已建成并具有使用功能的各类供居住和非居住的房屋。

(2)与上述房屋相配套的设备和市政、公用设施。

(3)房屋的建筑实体和与之相连的场地、庭院、停车场、区域内的非主干交通道路。

(4)一切与房地产有关的、可被人们使用的建筑物、构筑物以及相关场所。

(5)与物业有关的文化背景、外在景观、配套服务和与物业有关的各种权利。

2. 物业与房地产、不动产的区别

在进行"物业"概念的辨析时，同时要分清物业与房地产，物业与不动产等概念的区别和联系。

(1)在领域上的区别。房地产一般是广义上对房屋开发、建设、销售等方面的统称，是对房屋建筑物进行描述时最常用的概念；不动产一般在界定法律财产关系时使用，其着眼点是该项财产实物形态的不可移动性；物业一般在描述房地产项目时使用，是针对具体房屋建筑物及其附着物的使用、管理、服务而言的概念。

(2)在适用范围上的区别。房地产一般在经济学范畴使用，用来研究房屋及其连带的土地的生产、流通、消费和随之产生的分配关系；不动产一般在法律范畴使用，用来研究该类型财产的权益特性和连带的经济法律关系；物业一般在房屋消费领域使用，而且特指在房地产交易、售后服务这一阶段的针对使用功能而言的房地产，一般是指具体的房地产。

从物业与房地产、物业与不动产等概念的联系来看，房地产是指房屋、房基地以及附属土地，其中包括以土地和房屋作为物质形态的财产和由此形成的所有权、使用权、租赁权和抵押权等财产权益。不动产是指土地以及附着在土地上的人工构筑物和房屋等位置固定、不可移动的财产。物业是指以土地和土地上的建筑物、构筑物形式存在的不动产。

经过以上的研究，我们可以对物业下这样一个定义：物业是指房屋和与其相配套的共用设施、设备和场地。

3. 物业管理的概念

物业管理(Real Property Management 或 Property Management)，是指专门机构受物业所有人的委托，按照国家有关法律以及合同和契约行使管理权，运用现代管理科学和先进的技术对已投入使用的物业以经营的方式进行管理，同时，对物业周围的环境、清洁卫生、安全保卫、公共绿化和道路养护等统一实施专业化管理，并向业主或租户提供多方面的综合性服务的一系列行为。物业管理对象是物业，服务的对象是人，是集管理、经营和服务

为一体的有偿劳动，其最终目的是实现社会、经济和环境效益的同步增长。

房地产产品的整个寿命周期包括前期的规划建设、中期的销售、租赁及后期的物业管理三部分，所以，房地产产品的售出并非房地产项目管理的终点，项目管理的内容还必须包括物业管理这一部分，否则就不是完整的管理过程。

二、物业管理的业务范围

物业管理的业务范围可以分为以下四类：

（1）物业管理的基本业务。物业管理的基本业务是指对物业进行日常维修保养和计划修理等工作。

（2）物业管理的专项业务。物业管理的专项业务包括治安保安、环境卫生、消防安全、园林绿化、日常修理、车辆交通六个方面。

（3）物业管理的特色业务。物业管理的特色业务是指商业网点、文体娱乐、教育卫生、交通网点等。

（4）物业管理的多种经营业务。物业管理部门开设的多种经营业务一般包括投资咨询、中介、代理经租、住房交换、住房改建、房屋更新、室内装潢、设备安装与建材经营等。

三、物业管理企业的定义与资质条件

1. 物业管理企业的定义

物业管理企业是指按合法程序成立并具有相应资质条件的经营物业管理业务的企业型经营实体，是独立核算的企业法人，有经主管部门批准认可的管理章程，能独立承担民事和经济法律责任。

物业管理企业的主要职能是遵照国家有关法律法规，运用现代管理科学和先进的维修养护技术管理物业，妥善处理业主的投诉，有效地维护业主合法权益，为业主和使用人创造一个优美、舒适、安全的居住和工作环境。它已经从简单的设备维修及保安保洁等基本功能的执行者，演变成住宅文化的参与者，综合环境的营造者，功能服务的维护者和售后信息的沟通者。

2. 物业管理企业形式

物业管理企业的成立须按照一定的程序报批，在物业管理企业领取营业执照后，应向当地物业管理主管部门办理资质核准手续。在现实中，物业管理企业有多种划分方式。

（1）按照物业管理企业运行机制的不同可分为管理型物业公司、服务型物业公司、顾问型物业公司、综合型物业公司。

（2）按照物业管理企业财产组织方式的不同可分为以下三种类型：

①独资企业。是指物业管理企业资产全部由个人单独出资经营的，出资者对企业债务承担无限责任的企业。

②合伙企业。是指 2 人以上、以书面协议的方式进行投资，组成的共同经营、共负盈亏、合伙人对企业债务负连带无限责任的物业管理企业。

③公司企业。是指按照《公司法》要求组建的有限责任公司或股份有限公司。

3. 物业管理企业资质条件

建设部于 2004 年 5 月 1 日颁布施行的《物业管理企业资质管理办法》规定，物业管理企业资质等级分为一、二、三级。各资质等级物业管理企业的条件不同。

一级资质：

（1）注册资本在人民币 500 万元以上。

（2）物业管理专业人员以及工程、管理、经济等相关专业类的专职管理和技术人员不少于 30 人。其中，具有中级以上职称的人员不少于 20 人，工程、财务等业务负责人具有相应专业中级以上职称。

（3）物业管理专业人员按照国家有关规定取得职业资格证书。

（4）管理两种类型以上物业，并且管理各类物业的房屋建筑面积分别占下列相应计算基数的百分比之和不低于 100%：多层住宅 200 万平方米；高层住宅 100 万平方米；独立式住宅（别墅）15 万平方米；办公楼、工业厂房及其他物业 50 万平方米。

（5）建立并严格执行服务质量、服务收费等企业管理制度和标准，建立企业信用档案系统，有优良的经营管理业绩。

二级资质：

（1）注册资本在人民币 300 万元以上。

（2）物业管理专业人员以及工程、管理、经济等相关专业类的专职管理和技术人员不少于 20 人。其中，具有中级以上职称的人员不少于 10 人，工程、财务等业务负责人具有相应专业中级以上职称。

（3）物业管理专业人员按照国家有关规定取得职业资格证书。

（4）管理两种类型以上物业，并且管理各类物业的房屋建筑面积分别占下列相应计算基数的百分比之和不低于 100%；多层住宅 100 万平方米；高层住宅 50 万平方米；独立式住宅（别墅）8 万平方米；办公楼、工业厂房及其他物业 20 万平方米。

（5）建立并严格执行服务质量、服务收费等企业管理制度和标准，建立企业信用档案系统，有良好的经营管理业绩。

三级资质：

（1）注册资本在人民币 50 万元以上。

（2）物业管理专业人员以及工程、管理、经济等相关专业类的专职管理和技术人员不少于 10 人。其中，中级以上职称的人员不少于 5 人，工程、财务等业务负责人具有相应专业中级以上职称。

（3）物业管理专业人员按照国家有关规定取得职业资格证书。

（4）有委托的物业管理项目。

（5）建立并严格执行服务质量、服务收费等企业管理制度和标准，建立企业信用管理档案系统。

4. 申请物业管理企业资质需要提供的文件

根据建设部 2004 年 5 月 1 日颁布施行的《物业管理企业资质管理办法》规定，新设立的物业管理企业应当自领取营业执照之日起 30 日内，持下列文件向工商注册所在地直辖市、设区的市人民政府房地产主管部门申请资质：

（1）营业执照。

（2）企业章程。

（3）验资证明。

（4）企业法定代表人的身份证明。

（5）物业管理专业人员的职业资格证书和劳动合同，管理和技术人员的职称证书和劳动合同。

另外，新设立的物业管理企业，其资质等级按照最低等级核定，并设一年的暂定期。

3.2 实施内容

一、目的

物业管理企业，尤其是居住类物业管理企业，提供的管理和服务与居民生活密切相关，直接影响到居民的生活质量、人身健康和生命财产安全。物业管理具有公共产品的性质，实质上是对业主共同事务进行管理的一种服务活动。一般来说，物业管理企业按照合同约定，既负责物业共用部位和共用设施设备的维修养护，也承担物业管理区域范围内公共秩序的维护责任。如果主管部门对物业管理企业缺乏有效的监管，则可能导致业主的权益和社会公共利益受到损害，引起社会的不安定。针对物业管理企业的管理服务特性，有必要对物业管理企业建立市场准入和清出制度，加强对物业管理企业的资质管理。

该项目任务要求在所阐述的房地产项目使用管理有关理论知识的基础上，利用各种媒介查阅物业管理企业的资质条件，调查1～3个物业管理企业，分析其资质条件现状，针对物业管理企业的资质证书失效或资质条件不满足的现状提出处理意见。

二、实施调查的范围内容

综上所述，选择具有代表性的物业管理企业进行调查，调查的具体内容见表5-5。

表5-5 调查项目与内容

序号	调查项目名称	调查内容
1	业务范围	包括基本业务、专项业务、特色业务和经营业务
2	资质条件	有合格的管理章程和管理办法、足额的货币注册资金、管理物业所需的管理机构和各类人员、完备的房屋管理、修缮与养护的保障措施
3	组织机构设置	一般由经理室和下属开发部、财务部、义务管理部、工程部、经营服务部和办公室组成
4	规章制度	包括业主公约(管理规约)、业主委员会章程、住户手册、物业管理企业岗位责任制、物业辖区综合管理规则等

3.3 任务实训

工作任务	资质证书失效或资质条件不满足的问题处理		学时	2
姓 名		学 号	班 级	日 期

任务描述：在所阐述的房地产项目使用管理有关理论知识的基础上，利用各种媒介查阅物业管理企业的资质条件，调查1～3个物业管理企业，分析其资质条件现状，针对物业管理企业的资质证书失效或资质条件不满足的现状提出处理意见。

1. 咨询(课外完成)

(1)阐述调查的物业管理企业的概况

(2)相关问题

①说明物业管理在房地产项目管理中处于哪个阶段？

②物业管理的业务范围有哪些？

③分析所调查的物业管理企业的形式。

2. 决策(课外完成)

自主选择1～3个物业管理企业进行市场调查，收集有关资料。

3. 计划

进行项目编组，项目小组人员数一般以 5～10 人为宜。根据老师布置的实训任务与要求核对各组资料准备情况。

4. 实施

(1)针对所调查的物业管理企业的资质证书过期或资质条件不满足的现状提出处理意见。

(2)以组为单位，制作电子文档进行展示与交流。

5. 检查及评价

考评项目(100分)		自我评估	组长评估	教师评估	备注
素质考评 20	劳动纪律 5				
	积极主动 5				
	协作精神 5				
	贡献大小 5				
实训考评 20					
总结分析 20					
综合评价 40					

相关案例 5-3　物业管理企业资质问题

【背景资料】

某小区业主委员会曾于 2003 年 9 月与某物业管理企业签订了《物业管理服务合同》，合同有效期为 3 年。但在其后的服务过程中，双方就小区物业管理具体事项时常发生争议，关系不太融洽。2004 年 3 月建设部 125 号令《物业管理企业资质管理办法》出台后，有业主扬言：待 5 月 1 日办法生效后，即刻以物业管理企业不具备相应的物业管理资质为由解聘该物业公司……

【评析】

第一点，案例中的《物业管理服务合同》是在 2003 年 9 月 1 日国务院颁布的《物业管理条例》(行政法规)生效以后依法签署的，而建设部出台的《物业管理企业资质管理办法》(以下简称《办法》)是 2004 年 5 月 1 日才生效的部门规章。根据"法不溯及以往"等相关法律原则，该合同在合同有效期限内仍然是有效的。在此期间，即使是业主大会也不能以物业管理企业不具备《办法》规定的相应资质为由而单方面解除合同。

第二点，《办法》生效后，不符合《办法》规定的相应资质的物业管理企业，将面临丧失部分新项目投标资格和部分老项目续签合同的资格。这对企业的生存和发展将是一个不容回避的问题。

第三点，各地方政府主管部门是判断企业经营管理行为是否合法并做出相应行政决定的主体。

【启示与思考】

第一，物业管理企业应就自己面临的实际情况积极与地方政府主管部门进行及时的友好沟通。一方面在可能的情况下争取企业资质升级，以求经营管理行为符合法规要求，保持参与新项目的投标资格和老项目的合同续签资格；另一方面，即使企业因管理面积不足等原因造成资质不能在短时间内得以升级，也可以争取到政府主管部门在合同续存期的理解和支持，争取到宝贵的缓冲时间。

第二，物业管理企业在日常管理服务过程中，应当积极改善客户关系，提升客户满意度。这一点对于物业管理企业争取生存空间和时间至关重要。

参 考 文 献

［1］姚星明. 房地产项目管理［M］. 北京：化学工业出版社，2014.

［2］戚安邦. 项目管理学［M］. 2 版. 北京：科学出版社，2007.

［3］赖笑. 房地产建设项目管理概论［M］. 北京：北京理工大学出版社，2011.

［4］姚根兴. 房地产企业项目管理指南［M］. 北京：化学工业出版社，2013.

［5］陈世群. 房地产企业全程运作指南［M］. 北京：化学工业出版社，2014.

［6］何志阳，文伟坚. 房地产企业前期开发与管理［M］. 北京：化学工业出版社，2014.

［7］陈关聚. 项目管理［M］. 北京：中国人民大学出版社，2011.

［8］鲁耀斌. 项目管理：原理与应用［M］. 大连：东北财经大学出版社，2009.

［9］美国项目管理协会. 项目管理知识体系指南［M］. 4 版. 北京：电子工业出版社，2010.

［10］孙军. 项目计划与控制［M］. 北京：电子工业出版社，2008.

［11］蒂莫西 J·克罗彭伯格. 现代项目管理［M］. 北京：机械工业出版社，2010.

［12］戚瑞双，李宗彪，刘新华. 房地产开发［M］. 上海：上海财经大学出版社，2008.

［13］尹卫红. 房地产市场调查与分析［M］. 重庆：重庆大学出版社，2008.

［14］陈建敏，唐欣. 房地产开发经营与管理［M］. 北京：北京大学出版社，2009.

［15］夏联喜. 房地产项目管理［M］. 北京：中国建筑工业出版社，2009.

［16］张跃松. 房地产项目管理［M］. 北京：中国人民大学出版社，2010.

［17］谭术魁. 房地产项目管理 Project［M］. 北京：机械工业出版社，2009.

［18］朱晓龙. 浅谈建设项目方案设计及初步设计的重要性［J］. 城市建设理论研究，2012(38).

［19］伍兴中. 基于房地产开发工程项目管理的分析与探讨［J］. 广东建材，2009(5).

［20］高懿. 项目管理教程［M］. 北京：清华大学出版社，2010.

［21］刘列励. 房地产建筑工程项目管理［M］. 北京：中国建筑工业出版社，2011.

［22］常宏伟，铉炜，高原. 房地产开发项目管理［M］. 济南：山东友谊出版社，2008.